La
Niebla

La Niebla

Una teoría nunca antes publicada del fenómeno del Triángulo de las Bermudas

Rob MacGregor & Bruce Gernon

Grupo Editorial Tomo, S. A. de C. V.
Nicolás San Juan 1043
03100 México, D. F.

1a. edición, junio 2006.

Translated from
The Fog: A Never Before Published Theory of the Bermuda Triangle Phenomenon

Published by Llewellyn Publications
St. Paul, MN 55164 USA

Nicolás San Juan 1043, Col. Del Valle
03100 México, D.F.
Tels. 5575-6615, 5575-8701 y 5575-0186
Fax. 5575-6695
http://www.grupotomo.com.mx
ISBN: 970-775-189-4
Miembro de la Cámara Nacional
de la Industria Editorial No 2961

Traducción: Ivonne Saíd Marínez
Formación tipográfica: Ana Laura Díaz de Garibay
Diseño de portada: Trilce Romero
Supervisor de producción: Leonardo Figueroa

Impreso en México - *Printed in Mexico*

En memoria de

Bruce Gernon, padre
y
Donald R. MacGregor

Padres de los autores

Prólogo

En los 15 años que tengo investigando el famoso y menospreciado Triángulo de las Bermudas, he conocido a muchos testigos de sucesos poco frecuentes; todos tenían una cosa en común, buscaban una explicación a lo que les había sucedido. Era frustrante intentar tomar nota de sus relatos porque yo quería información, pero invariablemente lo que ellos me pedían era una respuesta... clara y rápida.

No es fácil darla. No es sencillo explicar qué pudo sucederles a esas personas que relatan incidentes extraños en los que hay anomalías electromagnéticas, brújulas que giran sin control, equipos de navegación que dejan de funcionar, vapores raros rodeados de niebla, de luces que brillan de manera poco convencional, o en los que desaparece el horizonte. Lo único que puedo decir es que sí sucedió y que esa gente tuvo "suerte".

Inevitablemente, los incidentes extraños ocurrieron en el Triángulo de las Bermudas, área del Caribe donde han desaparecido más aviones y barcos que en cualquier otro lugar del mundo. ¿Los fenómenos están relacionados? Incluso después de recopilar cientos de historias de gente que vivió el fenómeno, seguía siendo difícil explicar qué causó los incidentes.

Entonces, un hombre se me presentó al enterarse de mi investigación por una página de internet que tengo desde 1999. Era diferente a los demás, se llamaba Bruce Gernon. De inmediato reconocí el nombre, lo había leído en viejos libros que hablaban del tema. Me llevé una gran sorpresa, pues no sabía que en la última década hubiera alguien más investigando el Triángulo de las Bermudas.

Bruce era diferente a las otras personas que me habían contado sus historias. No se conformó con entender su experiencia, explicarla, o tratar de olvidarla, sino que fue el único que personalmente comenzó a resolver el misterio. Para el año 2000, su investigación abarcaba 30 años. Es un excelente observador *in situ* que ha recorrido todo el Triángulo de las Bermudas y siempre está dispuesto a hablar con claridad de lo que le pasó, y de cómo su experiencia podría estar relacionada con otras desapariciones.

Éste es el primer libro escrito por un testigo y sobreviviente del fenómeno del Triángulo de las Bermudas, en el que además de describir su experiencia, sugiere una nueva teoría del misterio.

Bruce es testigo e investigador, y Rob es un investigador serio de fenómenos misteriosos, escritor de varios libros; ambos hombres han viajado al Triángulo de las Bermudas muchas veces y han estado al borde del peligro. En los años que tengo de conocerlos, siempre me han mantenido informado de los avances más recientes; por eso, cuando el joven científico Iván Lima se puso en contacto conmigo para contarme su experiencia, pasé la información a Bruce. Poco tiempo después, Bruce y Rob viajaron a Fort Lauderdale para conocer al Dr. Lima, se reunieron en un restaurante que se ubicaba en el mismo sitio donde estuvo la base naval de donde salió el vuelo diecinueve y dio inicio el misterio del Triángulo.

Mientras mi investigación sobre el tema continúe, estoy seguro que volveré a encontrarme con Bruce. Cuando voy a bordo de un barco, me imagino que escucharé el zumbido de su avioneta y veré sus alas. Siempre que me pedían que recomendara a alguien para hacer documentales sobre este asunto, me daba mucho gusto mencionar a Bruce Gernon, pero al fin se le presenta la oportunidad de contar la historia a su manera.

Bruce conoce la clave de un misterio fascinante y este libro servirá para que los lectores descubran el enigma del Triángulo de las Bermudas. Bruce habla del tema con seriedad y su única intención es descubrir sus secretos en beneficio de otros; no sólo le interesa registrar sucesos, sino encontrar respuestas para evitar que el Triángulo cobre más víctimas.

Gian J. Quasar
Autor de *En el Triángulo de las Bermudas*
Creador de Bermuda-triangle.org
13 de marzo, 2005

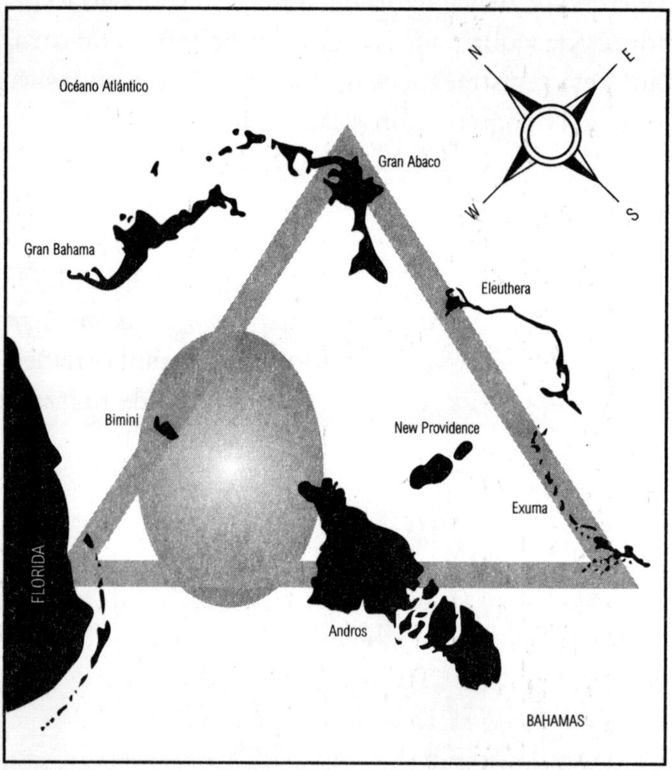

El Triángulo de las Bermudas.

Introducción

¿Qué es la niebla electrónica?

—Lo que aparecía en mi mapa de Florida no correspondía con el paisaje que veía... ¿Dónde estuve?

Con esas desconcertantes palabras Charles Lindbergh describió la misteriosa experiencia que vivió al volar por el Caribe y atravesar el corazón del Triángulo de las Bermudas.

Lindbergh despegó el 13 de febrero de 1928 a la 1:35 a.m. en lo que debió ser un vuelo de rutina, la última parte de su viaje por el Golfo y el Caribe. Su intención era volar desde La Habana hasta St. Louis sin descansar, lo que hubiera sido el primer viaje directo entre las dos ciudades. En su autobiografía escribió: "Se supone que sería un viaje sencillo, era la tercera parte de la distancia que hay entre Nueva York y París".

Alcanzó una altitud de 13 120 metros y se dispuso a disfrutar del vuelo nocturno.

—Pero en el estrecho de la Florida la brújula magnética empezó a dar vueltas, y la aguja de la brújula de navegación giraba a diestra y siniestra. Para entonces se había formado una niebla que cubría el horizonte.

Sólo en una ocasión había visto que dos brújulas fallaran al mismo tiempo. Durante una tormenta en el Atlántico rumbo a París, las brújulas se movían hacia delante y hacia atrás, por lo que la única forma en la que pudo calcular su dirección fue ubicando el punto central de la oscilación. En el vuelo sobre el Caribe, la brújula magnética giraba en círculos y la brújula de navegación no servía.

—No sabía si volaba hacia el norte, el sur, el este o el oeste.

Lindbergh comenzó a subir hacia el despejado cielo que minutos antes había tenido sobre su cabeza; si encontraba la Estrella Polar, podría navegar guiado por las estrellas. Pero conforme se elevaba, la niebla se volvía más densa; entonces descendió a menos de 3 280 metros, sin embargo la niebla lo perseguía y apenas distinguía el mar.

Justo antes del amanecer, vio una isla y supuso que había llegado a los Cayos de Florida. Pero después de cruzar una estrecha masa de agua, Lindbergh vio una larga costa que doblaba hacia la derecha, del lado opuesto al que se extendía la tierra según el mapa de Florida.

—Si no volaba sobre los Cayos de Florida, ¿dónde estaba? ¿Era posible que hubiera regresado a Cuba? ¿Que en mi intento por leer las enloquecidas brújulas me hubiera desviado 180° de mi curso?

La costa terminó y sólo había más cayos. Entonces dedujo que si no estaba en los Cayos de Florida, estaba en las Bahamas, lo que significaba que había volado en un ángulo de 90° y que se había desviado 485 kilómetros de su curso. Cuando el sol se elevó en el horizonte, ubicó el este y atravesó la niebla en la dirección contraria, hacia la costa de Florida; en cuanto llegó a la península, la brújula dejó de dar vueltas. En su paso por Florida y Georgia lo acompañaron docenas de fuertes tormentas, y así se dirigió a St. Louis para terminar el viaje.

Quizá por su fama como piloto, Lindbergh nunca habló en público de la extraña situación que vivió en lo que se convertiría en el Triángulo de las Bermudas, se esperó a darla a conocer en su autobiografía, publicada en 1978, cuatro años después de su muerte. No cabe duda que sobrevivió a la experiencia, en la que muchos han muerto, gracias a su increíble capacidad como piloto.

Lo vivido por Lindbergh no hubiera pasado de ser una nota interesante en su carrera como piloto, de no ser por el hecho de que la documentó como el encuentro aeronáutico con un fenómeno meteorológico, poco común pero con frecuencia fatal, que se considera una anomalía científica.

42 años después, a un piloto de nombre Bruce Gernon lo cubrió una niebla similar en un vuelo de la Isla de Andros, en el Caribe, hacia el sur de Florida. En algunos aspectos, el viaje de Gernon fue mucho más terrible que el de Lindbergh, pues además de que le fallaron los instrumentos electrónicos, experimentó una alteración en el tiempo que lo desconcertó por años.

Con el tiempo, Gernon llegó a la conclusión de que se había enfrentado a un fenómeno meteorológico al que se llama "niebla electrónica", la cual, según él, es creada por la energía electromagnética que el mar libera hacia la atmósfera. También está convencido de que la niebla electrónica es la causante de las muchas desapariciones misteriosas de aviones y barcos en el Triángulo de las Bermudas, que tan mala reputación tiene.

Aunque alguna vez creyó que esta niebla sólo aparecía en el Triángulo de las Bermudas, ahora considera que puede suceder en cualquier parte; sin embargo, este libro habla sólo del Caribe, donde Gernon y otras personas se encontraron con niebla electrónica durante su viaje, y está relacionado con el legado del Triángulo de las Bermudas.

Muchos años después de su experiencia, Gernon contó su historia al Dr. Manson Valentine, quien en ese entonces era director del Museo de Ciencias de Miami e investigaba el misterio del Triángulo de las Bermudas; Valentine escuchó con atención e hizo muchas preguntas. Meses después volvieron a reunirse, aunque esa vez los acompañaba Charles Berlitz, que ya había escrito su libro *El Triángulo de las Bermudas*. Al final de la velada, Valentine sorprendió a Gernon con el comentario con el que se despidió: —Nunca olvides que conoces la clave del Triángulo de las Bermudas.

–Parecía que para él era muy importante que lo entendiera –recordó Gernon–. Pero yo era un joven de 20 años y no podía imaginar que conociera la clave de algo tan impresionante y misterioso.

No obstante, años después, se encontraría con la niebla por segunda vez y vería algo en ella que no reconoció la ocasión anterior. Descubrió por qué parecía que la desconcertante niebla se extendía por kilómetros aunque no aparecía en el radar. Entonces entendió que había encontrado un elemento importante relacionado con el misterio del Triángulo de las Bermudas y que sí conocía la clave.

La niebla electrónica es real, peligrosa y misteriosa; a diferencia de cualquier fenómeno climático, produce alteración del tiempo y algún día será la clave de los viajes en el tiempo. La niebla es un fenómeno natural, pero también se ha reproducido en experimentos de laboratorio con impresionantes resultados.

En general, la ciencia ha ignorado a la niebla electrónica y la asocia a la superstición o a una identificación equivocada. Los científicos se vuelven recelosos cuando se les habla de la relación que la niebla tiene con los OVNIS, la levitación, los viajes en el tiempo... y el Triángulo de las Bermudas.

Es cierto que la causa de los accidentes de muchas aeronaves y la desaparición de los barcos en el Caribe puede deberse a fenómenos climáticos normales, pero allí hay algo que rebasa nuestra comprensión. Los autores tienen la esperanza de que este libro ayude a aclarar el tema de la niebla, y abra el camino a nuevos estudios de fenómenos importantes y poco comunes que con el tiempo podrían cambiar nuestra percepción de la vida y la manera como la vivimos.

[illegible] que [illegible] de los verdaderos de modo [illegible] desarrollo [illegible] económicos [illegible] climáticos [illegible] normales [illegible] que [illegible] la esperanza de [illegible] la mitad, y que el [illegible] que pueden [illegible]

Parte 1

Hacia la niebla

1
El legado y la niebla

Los marinos, ancianos y jóvenes, se reunieron en la explanada de la abandonada estación aeronaval de Fort Lauderdale. Como cada año, asistieron a una ceremonia que se ha convertido en un ritual que continuará hasta que mueran los marinos que aún recuerdan lo sucedido; y quizá después. La ceremonia no es para conmemorar una batalla o una victoria, sino una pérdida, la inexplicable pérdida de cinco bombarderos Avenger TBM de la Armada que desaparecieron misteriosamente para siempre el 5 de diciembre de 1945. El vuelo de entrenamiento de rutina se convirtió en una tragedia y dio inicio a la leyenda cuando los pilotos experimentados se desorientaron mientras volaban por el Caribe y jamás regresaron. Años después, el vuelo diecinueve sería conocido como la patrulla perdida, aunque no era patrulla, y se transformaría en el pilar del misterio del Triángulo de las Bermudas.

La banda de música de una escuela preparatoria tocaba una marcha, la brisa hacía ondear a la bandera de barras y estrellas, y un general iba a dirigir unas palabras a la concurrencia. Al frente de la multitud, Bruce Gernon, un piloto civil, observaba lo que sucedía con un interés especial; sentía una fuerte conexión con los pilotos del vuelo diecinueve. Igual que ellos, se encontró con condiciones misteriosas y desorientadoras en el Caribe, y apenas pudo escapar de las garras de una fuerza desconcertante, una "niebla electrónica"; Gernon cree que al vuelo diecinueve le pasó lo mismo. Igual que el escurridizo monstruo del lago Ness, la fuerza que ronda por el Triángulo de las Bermudas aparece y desaparece dejando como único rastro de su existencia el enigma de barcos y aviones perdidos y los relatos de los sobrevivientes, como Gernon.

Pero Gernon y quienes esperaban que el general de brigada Jerry McAbee respondiera la persistente pregunta sobre qué le sucedió a los pilotos y a sus aviones, se llevaron una desilusión. McAbee no estaba allí para hablar de los misterios del Triángulo de las Bermudas, de nubes extrañas, de raros bancos de niebla, de OVNIS inmóviles en el aire, de viajes en el tiempo, ni de anomalías electromagnéticas que enloquecían a las brújulas; sino para honrar a los pilotos desaparecidos, para continuar con la tradición. Aún así, había algo surrealista en la escena de la banda, del general que honra al vuelo que partió hacia el Triángulo de las Bermudas y a los pilotos a quienes se les vio por última vez descendiendo de la enorme nave espacial en la escena final de la película "Encuentros cercanos del tercer tipo", de Steven Spielberg. La ceremonia parecía la escena de una película que estaba filmándose y donde el director saldría de algún lugar con el libreto en la mano gritando: "¡Corte!", y la repetirían desde el principio.

Al finalizar la ceremonia, Gernon salió del hangar, atravesó la pista y se dirigió hacia el bombardero Avenger que había llegado de Jacksonville para el acontecimiento; era uno de los pocos que aún existían y atrajo la atención de la gente.

Algunos de los veteranos de la Armada, que estuvieron presentes en 1945, se pararon junto a una de las alas de la nave y hablaban de la desaparición del vuelo diecinueve; era increíble la manera en que recordaban cada detalle, como si hubiera sucedido ayer. Cerca de allí, un grupo de gente del canal de televisión inglés *The Learning Channel*, que había venido desde Inglaterra para filmar el suceso como parte de un documental sobre el Triángulo de las Bermudas, dirigió la cámara hacia la voluminosa aeronave. Gian Quasar, el creador de una vívida página en internet del Triángulo de las Bermudas, tomó una fotografía de Gernon junto al avión y después la incluyó en su página.

La mayoría de las historias sobre el Triángulo de las Bermudas es de gente que murió y aeronaves que desaparecieron sin dejar huella; sin embargo, Gernon ha vivido la experiencia del Triángulo de las Bermudas y ha participado en muchos de los documentales sobre el misterio que se han producido en años recientes. Otros desaparecieron, pero Gernon regresó con la historia de un encuentro cercano con fuerzas misteriosas.

En esa época, no había oído del Triángulo de las Bermudas, pero sabía que le había pasado algo importante; pensaba en ello todos los días y analizaba cada detalle, quería estar seguro que lo recordaría tal como sucedió. Más de un año después, vio por televisión una entrevista en la que dos hombres hablaban de los extraños sucesos en el Caribe y utilizaban el término "Triángulo de las Bermudas".

–De repente, me di cuenta que lo que me había pasado no era un caso aislado, sino parte de algo mucho más grande y había sobrevivido. Experimenté el Triángulo de las Bermudas directamente.

Una nube extraña

No pasa un día sin que Bruce Gernon reflexione de alguna manera lo que le sucedió una tarde en un avión hace más de 30 años. Recuerda partes de la experiencia, o le comenta algo de ella a un amigo o conocido, o analiza el escenario completo, el cual hace mucho tiempo prometió no olvidar.

En el camino de una hora desde Fort Lauderdale, donde se llevó a cabo la ceremonia del vuelo diecinueve, hasta su casa en Wellington, Florida, en el condado de Palm Beach, Gernon describió su experiencia con detalle.

–Mi papá vendía bienes raíces y yo me dedicaba a la construcción, y en 1970 buscábamos una isla en las Bahamas para hacer un hotel –comenzó Gernon–. Elegimos la isla de Andros y habíamos hecho una docena de viajes cuando el 4 de diciembre nos encontramos con algo que nunca olvidaríamos.

Gernon piloteaba su nueva Bonanza A36, una avioneta estable y de suave manejo. Incluso hoy, más de 30 años después, la avioneta Bonanza no ha cambiado mucho y es una de las mejores aeronaves de la aviación en general. Gernon cree que si ese día hubiera volado una nave más lenta y menos estable, quizá no hubiera sobrevivido. Aunque tenía planeado despegar en la mañana, como piloto precavido que es, Gernon retrasó el vuelo hasta que mejoró el clima.

–Esperamos toda la mañana porque estaba lloviendo, y fue cerca de las 3 p.m. cuando mi papá, nuestro socio Chuck Layfayette, y yo, salimos del aeropuerto de Andros.

Recordó que el cielo estaba nublado y había una ligera neblina.

–No tenía a la mano la información meteorológica, así que decidí despegar y desde el aire llamar al servicio de vuelos de Miami para preguntar por las condiciones atmosféricas.

Cuando daban la vuelta en la pista, Gernon volteó hacia la terminal del aeropuerto, donde vio que su amigo John Woolbright lo despedía con la mano. Woolbright era matemático y trabajaba en el Centro de Evaluación de Pruebas Submarinas en el Atlántico (AUTEC, por sus siglas en inglés), una base naval de la isla, que de manera irónica jugaría un papel en el misterio del Triángulo de las Bermudas.

Alcanzaron los 300 metros y tomaron una dirección de 315°; no subieron más porque a 450 metros había un techo de nubes.

–Mi padre también era piloto y copiloto con experiencia, así que juntos volamos la avioneta en ruta directa hacia Bimini; introdujimos el radiofaro de Bimini en nuestro buscador automático de rutas y usamos una brújula magnética.

Viajaban a una velocidad de 290 kilómetros por hora y tenían diez minutos volando cuando la llovizna cesó y se despejó el cielo. Para entonces, ya habían llegado al extremo noroeste de la isla de Andros y volaban sobre las Bahamas. La visibilidad había mejorado, de 4 830 kilómetros a 16 090 kilómetros, y el clima parecía tranquilo.

Cuando empezaron a elevarse, Gernon vio frente a ellos una nube lenticular en forma de almendra a 1 609 metros de distancia. El resto de las nubes viajan por el cielo movidas por las corrientes de aire, mientras que las lenticulares tienden a quedarse estáticas. La nube medía 2.40 kilómetros de largo, 300 metros de grosor y en su parte más alta alcanzaba los 450 metros de altitud, era blanca con bordes suaves y parecía inofensiva; sin embargo, vio algo extraño en ella.

–Había visto algunas nubes lenticulares, pero ninguna a tan baja altitud; por lo general se encuentran a 6 000 metros.

Gernon no pudo dedicar mucho tiempo a observarla porque estaba ocupado llenando su plan de vuelo con el servicio de vuelos de Miami; volarían a Bimini y de allí directo a West Palm Beach. *Miami Radio*, el indicativo del servicio de vuelo, sugería un buen pronóstico del tiempo; el clima estaría despejado entre Andros y la costa de la Florida, con algunas tormentas eléctricas aisladas de moderada intensidad en el sur de Florida; los vientos eran ligeros y variables y la temperatura era de 75° F.

Para entonces, se encontraban a 16 kilómetros de la costa y se elevaban hacia la altitud deseada de 3 150 metros. Gernon se dio cuenta que la nube lenticular se había transformado en una nube enorme y blanca en forma de cúmulo.

–Nos elevábamos a 300 metros por minuto, y parecía que la nube crecía debajo de nosotros a la misma velocidad que ascendíamos.

Crecía tan rápido, que a Gernon se le ocurrió que estaban volando sobre una nube cumulonimbos, una de las más peligrosas, y estaba a punto de transformarse en un enorme nubarrón.

–Chuck empezó a ponerse nervioso, nunca había viajado tan cerca de una nube en una avioneta. Le aseguré que en cualquier momento nos alejaríamos de ella y la dejaríamos atrás.

Pero luego de varios minutos de ascenso, habían avanzado casi 1 609 metros de altitud y la nube seguía subiendo con ellos. Sin previo aviso, ésta los alcanzó y envolvió a la avioneta Bonanza. Sintieron una ligera corriente ascendente y la visibilidad se redujo a menos de 30 metros. Treinta segundos después, se alejaron de la nube y continuaron elevándose.

–Pero la nube seguía debajo de nosotros, subiendo a la misma velocidad –recuerda Gernon–. No podía despegarme ni unos metros de ella, y medio minuto después, volvió a envolvernos.

De repente, otra corriente ascendente incrementó la aceleración de manera inesperada y los separó de la nube, pero la velocidad vertical disminuyó y ésta los alcanzó otra vez. La misma situación se repitió cuando menos cinco veces.

–Papá y Chuck empezaron a preocuparse, y papá sugirió que regresáramos a Andros.

Dar una vuelta de 180° era peligroso, aunque Gernon estaba considerándolo cuando de repente la avioneta volvió a elevarse a 3 450 metros, donde el cielo era transparente. Niveló la aeronave y aceleró a una velocidad de crucero de 315 kilómetros por hora.

–En ese momento no me di cuenta que la nube se movía horizontalmente cuando menos a 170 kilómetros por hora, nuestra velocidad de ascenso, pero también verticalmente. Cuando su movimiento horizontal cesó, por fin nos alejamos de ella. Al voltear a verla, me impresionó la imagen.

La nube seguía creciendo rápido y era enorme; la pequeña nube lenticular se había transformado en un nubarrón inmenso.

Pero a diferencia de la mayoría de los nubarrones, cuya forma es una línea, esta nube era un semicírculo y brillaba; parecía que se extendía cuando menos 16 kilómetros en cualquier dirección. Minutos después, dejaron atrás la nube y siguieron su camino hacia Bimini bajo un cielo transparente.

–Todo regresó a la normalidad, así que prendí el piloto automático, me recargué en el asiento y empecé a relajarme.

Atrapados

Pero unos minutos después, vieron que otro nubarrón se formaba frente a ellos.

–Conforme nos acercamos a la nube, a cinco kilómetros por minuto, vimos una escena estremecedora. Me impresionó mucho que la nube se pareciera demasiado a la que habíamos dejado atrás; también tenía forma de semicírculo, pero con los brazos extendidos hacia el lado opuesto, en dirección a nosotros. La enorme nube medía cuando menos dieciocho kilómetros.

Entonces Gernon vio otra cosa que lo sorprendió. La base o techo de las nubes cúmulus normales alcanza una altura de 300 ó 600 metros a partir de la superficie, y si la nube produce lluvia, por lo general la base mide 300 metros, o a veces hasta la mitad; pero a unos cuantos kilómetros de distancia, Gernon notó que parecía que la nube salía directamente del mar.

–Vi que no podríamos pasar ni por abajo ni por encima de la nube, y si intentábamos rodearla nos saldríamos de la ruta de vuelo; además, sus brazos se extendían a ambos lados de nuestra avioneta, y huir no era sencillo. No obstante, la nube no se veía tan peligrosa, así que después de consultarlo con mi papá, decidí atravesarla. Había viajado a través de nubes con densa lluvia y las penetraba volando por instrumentos, pero se supone que esos sistemas no funcionaban con tormentas eléctricas y la altitud de 3 000 metros era la más peligrosa para pasar una tormenta. Sabía que en el centro de una tormenta eléctrica podría haber corrientes ascendentes y descendentes con velocidades de 160 kilómetros por hora.

Se encontraban a 70 kilómetros de la isla Bimini cuando penetraron por los bordes difusos de la enorme nube. Una vez adentro, Gernon pensó que había cometido un error, pues aunque la nube era blanca y esponjosa por fuera, su interior era oscuro, como si de repente hubiera caído la noche.

–La oscuridad no duró mucho tiempo, destellos de luz blanca, que se prendían y se apagaban infinitamente al azar, iluminaron el interior de la nube, y entre más penetrábamos, más intensos eran los destellos.

Aunque no había relámpagos, Gernon no tenía duda de que habían entrado a una tormenta eléctrica y corrían peligro.

–Cuando mi padre me preguntó si iba a proseguir, no tardé mucho en responder; moví la cabeza, giré 135° y me dirigí directo al sur.

Los tres hombres traían reloj y se dieron cuenta que se desviaban de su curso a las 3:27 p.m. En el tablero de mando había un reloj electrónico y un cronómetro que Gernon prendió cuando despegaron, ambos indicaban que tenían veintisiete minutos en el aire. El padre de Gernon echó a andar el cronómetro de su reloj cuando cambiaron de curso, y con el radiofaro VOR (alcance onmidireccional de muy alta frecuencia) calculó que estaban a 65 kilómetros al sureste de Bimini. Mientras, Gernon hizo contacto con *Miami Radio* para informarles que había cambiado de curso para evitar una tormenta eléctrica y que intentaría rodearla.

–Pensamos que si nos dirigíamos al sur, podríamos evitar la nube semicircular, pero luego de avanzar diez kilómetros, a nuestra izquierda vimos que la nube se extendía hacia el este. Entonces, unos minutos después, descubrimos que la nube que encontramos cerca de Andros y ésta estaban relacionadas. Hasta donde sabía, la enorme nube nos rodeaba; calculé que el diámetro de la abertura era de 50 kilómetros. Estábamos atrapados en el interior de una prisión sin salida en forma de nube, no podíamos atravesarla ni pasar por debajo de ella.

El vórtice del túnel

Con los minutos aumentaba la preocupación de Gernon, pero sabía que debía conservar la calma. Intentaba entender cómo habían caído en ese aprieto. Parecía que la tormenta se había creado primero como nube lenticular a cierta distancia de la costa de la isla de Andros, y de inmediato se expandió, tomando forma de dona. Recordó cómo era el interior de una tormenta eléctrica y lo último que quería era regresar al poderoso centro de la tormenta.

Habían volado dieciséis kilómetros desde que se desviaron al sur cuando vieron un hueco en el lado oeste de la enorme nube; Gernon pensó que la abertura en forma de U era el punto donde aún no se habían unido los dos brazos de la nube expansiva.

En la parte superior, ambos lados de la nube se extendían hacia fuera, como si fuera un yunque, y parecía que en poco tiempo formaría un puente. Es común observar que las nubes cumulonimbos adquieren la forma de un yunque cuando llegan a la madurez, la parte superior se extiende hacia el exterior por varios kilómetros a una elevación de 10 500 metros. En una situación normal, Gernon se habría alejado de la cabeza del yunque, pero en esa ocasión debía actuar drásticamente.

–Frente al dilema en el que estábamos, sentí que la única opción era girar la aeronave 90° a la derecha e intentar salir de la nube por la abertura que se veía. Mientras nos dirigíamos a ella, las dos cabezas del yunque se unieron e hicieron un hueco en la nube; el túnel medía 1 609 metros de ancho, aproximadamente entre 16 y 24 kilómetros de largo y la base estaba a 32 kilómetros. Del otro lado del túnel se veía el cielo azul, y eso nos dio esperanzas.

Pero cuando llegaron al túnel, descubrieron que el diámetro se reducía; Gernon pisó el acelerador a fondo. Había recorrido cinco kilómetros y la abertura medía sólo 300 metros de ancho; les faltaban tres kilómetros cuando la abertura se redujo a 150 metros, y cuando entraron, apenas medía 90 metros.

–Recordé lo que Charles Galanza, mi primer instructor de vuelo, nos dijo en una clase. A grandes altitudes, por lo general a más de 1 500 metros, en las nubes de lluvia a veces se forman largos túneles horizontales, que el maestro llamaba "huecos succionadores", y nos aconsejó que nunca los atravesáramos. Nos contó que conocía pilotos que lo habían intentado y jamás habían vuelto a verlos. Supuse que lo que quería decir era que se habían estrellado en el mar y habían desaparecido.

Cuando la sesión de vuelo terminó, Gernon se preguntaba si había otras posibilidades.

Ingravidez

Gernon se impresionó porque inmediatamente después de entrar al túnel aparecieron extrañas espirales a todo lo largo de éste. Hacía unos instantes parecía que medía 16 kilómetros de largo y ahora sólo tenía una longitud de 1 609 kilómetros, pero aún se veía el cielo azul al final. En lugar de cuatro minutos, Gernon tardó sólo 20 segundos en atravesar el túnel.

–Tenía que permanecer justo en el centro del túnel porque temía que si las alas de la avioneta se hundían en los bordes de la nube, yo perdería de vista la abertura y la ruta hacia el cielo azul.

La luz del sol de la tarde hacía brillar las sedosas y blancas paredes del túnel, que eran simétricas y poco a poco se volvían más estrechas; junto a sus bordes había pequeñas nubes grises de un metro de largo y 30 centímetros de ancho. Gernon se dio cuenta que esas nubes se arremolinaban alrededor del avión varias veces por minutos en el sentido contrario de las manecillas del reloj; al mismo tiempo, el túnel seguía haciéndose pequeño.

–El diámetro era sólo de nueve metros y la punta de las alas rozaba los bordes de la nube conforme nos acercábamos al final del túnel. El recorrido había durado 30 segundos. Me percaté que las puntas de las alas formaban estelas que dejaban huellas paralelas a nuestro paso conforme huíamos.

De repente, Gernon sintió que experimentaba la gravedad cero y que el cinturón de seguridad era lo único que le impedía salir flotando del asiento.

–Cuando las estelas de vapor salieron de las alas, tuve una extraña sensación de ingravidez y al mismo tiempo sentí que aumentaba la velocidad de la nave –diez segundos después, la sensación de ingravidez desapareció–. Volteé hacia atrás y di un grito ahogado cuando vi que las paredes del túnel colapsaron y lo convirtieron en una línea que giraba lentamente.

Estaba contento por haber atravesado el túnel, pero me sentía desorientado, por eso le pedí a mi papá que verificara nuestra posición. Él siempre fue bueno para usar los instrumentos y decirme en segundos cuál era nuestra ubicación exacta en la carta de navegación. Pero en esa ocasión se entretuvo con los instrumentos más de lo común y me dijo que algo andaba mal. Fue cuando me di cuenta que los sistemas de navegación magnéticos y electrónicos no funcionaban, hasta la brújula magnética giraba lentamente en sentido contrario a las manecillas del reloj, como si el avión estuviera dando una vuelta.

Gernon se comunicó con el control de tráfico aéreo de Miami e informó que no estaba seguro de su posición y que quería que lo ubicaran por el radar. El avión estaba equipado con un transpondedor, un invento nuevo de esa época que ayudaba a los controladores de radar a identificar la ubicación de las aeronaves.

–Les dije que estábamos a 70 kilómetros al sureste de Bimini, que nos dirigíamos al este y que volábamos a una altitud de 3 150 metros, pero el controlador dijo que no se registraba ningún avión en el radar entre Miami, Bimini y Andros; entonces papá me arrebató el micrófono y le gritó al controlador: "¿Cómo que no nos encuentra en el radar?"

El controlador estaba desconcertado y se disculpó, pero dijo que el radar no emitía ninguna señal en el área donde volaban.

–No sabía porqué, siempre habían podido reconocernos, sobre todo si estábamos cerca de la zona de identificación de la defensa aérea (ADIZ) –recordó Gernon–. Papá se alteraba cada vez más, y aterrado, comenzó a gritarle al controlador, por eso le quité el micrófono y le dije que nos avisara si algo aparecía en el radar. Hice lo que pude por calmar a mi papá y a Chuck diciéndoles que ya habíamos pasado lo peor y que todo estaba bien.

Pero se equivocó.

–Fue entonces cuando me di cuenta que había sucedido algo muy extraño. En lugar del cielo azul que esperábamos ver al final del túnel, todo era blanco grisáceo; la visibilidad era de más de tres kilómetros, pero no había absolutamente nada que ver, ni mar, ni horizonte, ni cielo, sólo una bruma gris.

La neblina es común en el estrato más bajo de la atmósfera, pero Gernon dijo que era más oscura que la normal, con la que se encontraba con frecuencia, aunque el aire era estable y no había relámpagos ni lluvia.

–Estábamos inmersos en una especie de niebla, pero a diferencia de la niebla común y corriente en la que la visibilidad es de unos metros, la distancia que alcanzábamos a ver era mayor. Había otra cosa diferente e inesperada, no servían los instrumentos electrónicos ni magnéticos.

Una brújula interna

Gernon redujo la velocidad de la avioneta a 290 kilómetros por hora porque no sabía qué iba a pasar. Recordó que cuando entraron al túnel su ruta era de 290°, pero ahora la brújula estaba dando vueltas y podrían ir en cualquier dirección, incluso de regreso a la peligrosa nube. Pero entonces recurrió a su "brújula imaginaria", capacidad que había desarrollado en los últimos dos años y que podría describirse como un sentido intuitivo de la dirección.

–En la mente me imaginaba una brújula, justo debajo de mis ojos, igual a una brújula magnética, con escala de tambor en grados, medía quince centímetros de diámetro y flotaba dentro de mi cabeza; siempre estaba en posición horizontal y señalaba al norte, sin importar en qué dirección me encontrara yo. Así que puse a trabajar mi brújula imaginaria para conservar la dirección de 290°.

La "brújula interna" de Gernon es una técnica que usan los chamanes de Indonesia, la cual fue descrita por el investigador John Perkins en su libro *Psiconavegación, técnicas para viajar más allá del tiempo*. Perkins aprendió la técnica de los chamanes de los pueblos bugis, en Indonesia, que aún construyen barcos de madera, como lo han hecho durante siglos, y recorren grandes distancias en mar abierto sin brújulas ni instrumentos de navegación.

Para entonces, Gernon y sus dos pasajeros tenían 32 minutos viajando; según su tiempo de vuelo, deberían estar acercándose a la cadena de islas Bimini, que mide 90 kilómetros desde Bimini, la isla principal, hacia Orange Cay, la isla que se ubica en el extremo sur de la cadena. Calculó que estaban a 150 kilómetros al sureste de Miami y a sólo 30 kilómetros de atravesar la cadena Bimini. Si su brújula interna funcionaba, Gernon dedujo que cruzaría las islas en seis o siete minutos.

–A la derecha vimos un área oscura que parecía tierra, pero las islas estaban más lejos y supuse que sería la sombra de una nube y no una isla. Con frecuencia, cuando los pilotos vuelan en las Bahamas confunden esas sombras con las islas, sobre todo si están ansiosos por encontrar un puesto de control. Pero cuando pasamos la mancha oscura, se movió a gran velocidad y pensé que era una nube que avanzaba en la dirección opuesta.

Siguieron adelante, aún envueltos por la extraña neblina. Gernon estaba extrañado por las condiciones, pero el aire era estable y sentía que tenía el control de la avioneta.

–No nos salimos de la frecuencia de Miami, pero durante varios minutos no escuchamos ninguna transmisión. Entonces, de repente, oímos que el controlador decía que había ubicado un avión justo sobre Miami Beach que se dirigía al oeste.

Distorsión del tiempo

Gernon consultó su reloj y vio que llevaban 34 minutos en el aire.

–Era imposible que estuviéramos sobre Miami Beach, así que le dije al controlador que estábamos aproximadamente a 145 kilómetros al sureste de Miami y buscábamos las islas Bimini.

De repente, la niebla comenzó a disiparse, pero largos listones de neblina corrían paralelos a la avioneta; los listones se disiparon cuando el cielo azul apareció dibujado en forma de largas líneas entre la niebla. Los listones estaban a 1 609 kilómetros de la avioneta y se extendían entre tres y cinco kilómetros hacia delante y hacia atrás de ella. Las líneas de luz crecían poco a poco y en segundos todas se volvieron una y los listones de niebla desaparecieron.

–Lo que veía era un cielo azul intenso, mi vista se ajustó al brillo y me di cuenta que volábamos sobre Miami Beach.

Los tres hombres se sintieron tranquilos cuando vieron tierra conocida y escaparon de la niebla. Por alguna razón, Gernon sabía que era importante que recordara las nubes que había visto, aunque era una idea extraña, como si no se le hubiera ocurrido a él.

–Las nubes que habíamos atravesado eran extraordinarias, pero no entendía cómo o por qué serían importantes. Papá vio que los sistemas de navegación volvieron a funcionar, y recurrió a ellos para verificar nuestra ubicación. Me comuniqué con el controlador de radar y le dije que tenía razón respecto a nuestra posición sobre Miami Beach, le di las gracias por su ayuda y apagué el radio.

Volaron hacia el norte y esquivaron una tormenta eléctrica cerca de Fort Lauderdale. Luego de aterrizar en el aeropuerto internacional de Palm Beach, Gernon descubrió que el vuelo había durado 47 minutos.

–Creí que el cronómetro de la avioneta no servía, pero los relojes de nosotros tres marcaban las 3:48 p.m., igual que el reloj del avión. Había hecho este viaje de Palm Beach a Andros más de doce veces y no había sido en menos de 75 minutos, en ruta directa. Este vuelo fue indirecto y cubrió una distancia casi 400 kilómetros, la avioneta Bonanza no pudo recorrerla en 47 minutos, cuando su máxima velocidad de crucero es de 315 kilómetros por hora. Pero no teníamos respuestas.

Pasó un año para que Gernon conociera la leyenda del Triángulo de las Bermudas y supiera que su experiencia era parte de algo más grande.

2
¿Quién trazó el triángulo?

Resultaría más preciso decir que Cristóbal Colón descubrió el Triángulo de las Bermudas y no América. Hoy sabemos que otros exploradores llegaron antes que Colón y que la tierra estuvo deshabitada por miles de años, pero su llegada al Nuevo Mundo en definitiva marcó el inició de un cambio importante en las Américas. En la época de la invasión gradual a las tierras pobladas por los indios, Europa entraba al Renacimiento, una era de ciencia y razón, lo que básicamente significó que los mitos y las leyendas de los indios se desecharan porque las creencias que predominaban en América se adecuaron a un periodo de descubrimiento y conflicto... y al inicio de la historia en las Américas.

El mismo Colón conservaba notas detalladas de sus viajes al Caribe; sus primeros encuentros desconcertantes tuvieron lugar en el mar de los Sargazos. La tripulación esperaba encontrar tierra cuando vio algas y aves, pero los días pasaron y no apareció ninguna tierra. Poco después, Colón se dio cuenta que su brújula actuaba de manera extraña, pero temeroso de que la muy supersticiosa tripulación se rebelara, se guardó la información para sí.

Sin embargo, no pudo proteger a su gente de todos los eventos misteriosos que les sucedieron. En algún momento de su famoso viaje de 1492, describió en su diario cómo una enorme esfera de brillante luz se cernía sobre el mar. Colón y Pedro Gutiérrez estaban en la cubierta de la *Santa María* cuando vieron "una luz que brillaba a gran distancia", que desaparecía y volvía a aparecer muchas veces durante la noche y que subía y bajaba "con destellos repentinos y fugaces".

Colón no sabía qué era la luz, pero la interpretó como un presagio, una señal de que algo los guiaba. De hecho, cuatro horas después de haber encontrado la luz, vieron tierra por primera vez.

El origen del triángulo

Aunque se han registrado fenómenos extraños en el Caribe desde la época de Colón, la primera vez que el área se consideró el centro de desapariciones misteriosas fue en 1950, cuando E. V. W. Jones lo publicó en el *Associated Press*; dos años después, George X. Sand, de la revista *FATE*, repitió la afirmación. Pero fue en un artículo de la edición de febrero de 1964 de la revista *Argosy Magazine* donde el escritor-investigador Vicent Gaddis utilizó el término "Triángulo de las Bermudas", y al año siguiente volvió a usarlo en su libro *Horizontes invisibles*. La frase se adoptó a pesar de que el misterio no está delimitado por fronteras físicas en un mapa; de hecho, muchos de los barcos y aeronaves desaparecieron en las afueras de las fronteras imaginarias. Un escritor, que trazó en un mapa del lugar las desapariciones, dijo que la misteriosa área era un trapecio, es decir un rectángulo que sólo tiene dos de sus lados o ángulos iguales. Sin embargo, la palabra triángulo sugiere algo misterioso, algo que nos atrae.

Su forma no importa, el Triángulo de las Bermudas no era famoso en diciembre de 1970, cuando Gernon salió de la isla de Andros rumbo a West Palm Beach. En esa época nunca había escuchado el término ni que había un fenómeno misterioso en el Caribe, pero sí sabía que le había sucedido algo extraño y prometió recordar cada detalle.

En las semanas anteriores al viaje, Gernon había visto los trece capítulos de la aclamada serie de televisión de la BBC, *The Ascent of Man*; le había impactado la descripción de cómo Leonardo da Vinci había hecho uno de sus cuadros. Cuando el pintor era joven, conoció a una mujer de gran belleza que le causó una fuerte impresión y decidió que un día pintaría su retrato, aunque no volviera a verla. Según el relato, da Vinci pasaba diez o quince minutos, dos o tres veces al día, dibujando la imagen de la mujer que guardó en su mente; lo hizo diario durante más de 30 años, hasta que por fin la plasmó en un lienzo. Para entonces tenía una imagen perfecta de ella, como si estuviera sentada frente a él posando para el cuadro. Por su puesto, la pintura se convirtió en una de sus obras más famosas, el retrato de la *Mona Lisa*.

Gernon usó ese método para recordar cada detalle del vuelo del 4 de diciembre de 1970.

–Nunca había visto nubes como ésas, así que utilicé el método de da Vinci para acordarme de todo, como si el vuelo hubiera sido ayer –al principio, no comentó a nadie el enigmático viaje porque no tenía sentido, no sabía cómo explicarlo–. No lo entendía, pero sentía que me había pasado algo importante, por eso analicé lo sucedido muchas veces al día durante meses.

Entonces, catorce meses después del vuelo, Gernon vio a Gaddis y a Iván Sanderson, otro escritor, en el programa de televisión "Dick Cavitt Show" hablando de un área misteriosa en el Caribe que se llamaba el Triángulo de las Bermudas o el Triángulo del Diablo; era la primera vez que escuchaba esos términos. Sanderson explicaba una de las posibles causas de las desapariciones que sucedían en el Caribe cuando mencionó la alteración del tiempo.

–Fue un momento trascendental para mí –Gernon recordó–, como si hubiera habido relámpagos en el interior de mi cabeza. Entendí que el tiempo era la clave de lo que nos había sucedido, que cierta clase de alteración en él explicaba nuestra llegada antes de tiempo y con el tanque de combustible casi lleno. Entramos al túnel cerca de Bimini y salimos de la niebla cuatro minutos después, en Miami, a 160 kilómetros de distancia, un hecho imposible.

Cuando terminó el programa de televisión, Gernon se dio cuenta que había sido parte de un fenómeno misterioso y que había sobrevivido. En meses, la palabra Triángulo de las Bermudas se volvió muy famosa. A principios de la década de 1970, se publicaron muchos libros que hablaban de esta dimensión desconocida de la navegación, y durante algunos años decayó el turismo en el Caribe porque la gente se volvió recelosa de la región. El más famoso de esos libros, *El Triángulo de las Bermudas*, de Charles Berlitz, vendió más de un millón de copias; y el segundo libro de Berlitz, *Sin rastro*, también se vendió bien.

Entre los libros que hablan sobre el fenómeno están: *Encuentros en el Triángulo del Diablo*, de James Paul Chaplin; *El enigma del Triángulo de las Bermudas*, de Martin Ebron; *El Triángulo de las Bermudas*, de Adi-Kent Thomas Jeffrey; *Desafío al Triángulo del Diablo*; de Adi-Kent Thomas Jeffrey; *Secretos del Triángulo de las Bermudas*, de Alan Landsburry; *El mar del diablo*; de Elizabeth Nichols; *El triángulo de los desaparecidos*; de Warren Smith; *El limbo de los perdidos*, de John Wallace Spencer; *El triángulo del diablo*, de Richard Winer, seguido de dos secuelas, y *Desaparecidos sin dejar rastro*, de Bill Wisner.

Sigue la cuenta

Imagine que el Triángulo de las Bermudas fuera el escenario de un mago experimentado y las famosas desapariciones sus actos de magia; algunos de los nombres de sus fabulosas hazañas, además del conocido vuelo diecinueve, son: el "Globemaster", el "Star Tiger", el "Star Ariel", y la lista continúa.

Pero los magos, aquellos que hacen desaparecer elefantes y camionetas, también vuelven a aparecerlos y todos aplauden, cosa que no sucede con los muchos barcos y aviones que han desaparecido en el Triángulo de las Bermudas; se van y no regresan. En algunos casos, se han descubierto restos de las naves, pero en muchos otros no se encuentran los escombros.

Es imposible conocer el número exacto de barcos y aviones que han desaparecido a través de los años, pero es cierto que la cifra sobrepasa a la registrada. Según el calculo que *Discovery Channel* hizo a partir de sus investigaciones, más de 8 000 personas han muerto en el Triángulo de las Bermudas desde 1951, y más de 150 aviones han desaparecido desde 1930. Es más difícil contar los barcos que se han perdido porque muchas embarcaciones particulares se esfuman y su desaparición no se registra. Sin embargo, Gian Qiuasar, creador de BermudaTriangle.org, estima que sólo en los últimos 25 años han desaparecido más de mil navíos.

Objetivo, el triángulo

A mediados de la década de 1970, apareció en escena gente que se dedica a demostrar la falsedad de los mitos y alegó que las desapariciones de los barcos y de los aviones se debían a tormentas, a fallas mecánicas y a errores humanos. El Triángulo de las Bermudas quedó reducido a un seudomisterio, pues era tan real como las aventuras de las historietas de dibujos animados que hablaban de viajes fantásticos a otros mundos y a civilizaciones ocultas en el interior de una tierra hueca. Incluso el Lloyds de Londres tomó partido en contra del misterio cuando se informó que estadísticamente el Triángulo de las Bermudas era igual de peligroso que cualquier región marítima del mundo. No importó que no se hubieran tomado en cuenta que muchas de las desapariciones en esa zona, barcos con refugiados y aviones con droga, no se habían reportado. No era peligroso volver a las aguas del Caribe, al menos eso parecía.

El misterio del Triángulo de las Bermudas, resuelto, de Lawrence Kusche, publicado en 1975, fue el libro más famoso que desmintió el misterio. Como bibliotecario de la Universidad de Arizona, Kusche compiló *La bibliografía del Triángulo de las Bermudas*, una colección de textos de referencia sobre los aviones y los barcos perdidos en el Caribe. Kusche dijo que los libros sobre el Triángulo de las Bermudas le parecieron sensacionales y se quejó de que Berlitz y otros escritores no se hubieran guiado por los hechos.

De manera irónica, Berlitz y demás escritores recurrieron a la bibliografía de Kusche para hacer sus libros; de esta manera, Kusche se convirtió en la fuente de consulta de algunas de las historias más famosas. De hecho, en las primeras ediciones de su libro, Berlitz elogia al bibliotecario en la introducción de la bibliografía: "Antes de mencionar los libros que sirvieron de referencia para este trabajo, el autor quisiera recomendar a los lectores *La bibliografía del Triángulo de las Bermudas*, compilado por Larry Kusche y Deborah Blouin, Biblioteca de la Universidad de Arizona, abril de 1973, que contiene numerosas referencias, incluyendo artículos de periódicos y de revistas y fragmentos de libros, que hablan del Triángulo de las Bermudas".

Aunque la publicidad que se le dio al libro de Kusche lo presentaba como un esfuerzo por apoyar los registros y dejar de lado la tontería de que había fuerzas misteriosas y desconocidas en el Triángulo de las Bermudas, los lectores asumieron que contenía información fidedigna y fiel, pero no era así.

Kusche se basó en los relatos que aparecían en los periódicos, suponiendo que eran correctos cuando la información apoyaba su teoría, y que estaban equivocados cuando no. Un investigador, que estudió el libro de Kusche, el de Berlitz y el de otros escritores, encontró discrepancias en ambas posturas sobre el tema. "El libro *El Triángulo de las Bermudas*, de Charles Berlitz, y *El misterio del Triángulo de las Bermudas, resuelto*, de Larry Kusche, tienen la misma cantidad de errores. La información en la que Berlitz basó algunos aspectos de las teorías no es fiel, y el caso de Larry Kusche es igual", escribió Gian Quasar, cuya detallada página en internet sobre el Triángulo de las Bermudas es mejor que los demás sitios web que intentan analizar el misterio.

Kusche descartaba los artículos de periódico y otros textos que no compartían sus ideas, y con respecto a la desaparición del *U.S.S. Cyclops*, escribió: "Con seguridad afirmo que los periódicos y la Armada están equivocados, ese día, cerca de Norfolk, hubo una fuerte tormenta que hundió al barco". Después añadió: "Contrario a la opinión popular, nunca hubo una investigación oficial de la desaparición; de otra manera, se habría encontrado la información meteorológica".

De hecho, en los Archivos de la Nación hay tres cajas (numeradas con el 1068, 1069 y 1070) que contienen 1 500 documentos de la investigación oficial que se realizó sobre la desaparición del *Cyclops*, y en ninguno se menciona la tormenta de la que Kusche está tan seguro.

Por derecho propio, el título del libro de Kusche es engañoso y sensacionalista; en lugar de resolver el misterio del Triángulo de las Bermudas, termina gran parte de sus investigaciones aceptando que sí existe un misterio. En el caso del *Mary Celeste*, un crucero que se encontró abandonado en el Atlántico, Kusche llegó a esta conclusión: "Hoy en día, el destino de los pasajeros del *Mary Celeste* es un misterio, como el día que el barco se encontró abandonado en el mar".

Respecto al *Star Tiger*, sus comentarios son parecidos: "De cualquier forma, lo que le haya sucedido al *Star Tiger* seguirá siendo un misterio". De otra investigación opina: "El destino de Joshua Slocum y el *Spray* es un verdadero misterio del mar".

Gernon acepta que Kusche tenía razón en suponer que la desaparición de algunos aviones fue provocada por errores humanos, pero lo que no sabía era que un fenómeno meteorológico desconocido bien pudo provocar que los pilotos cometieran esos errores. –Si Kusche hubiera sido mi copiloto el día que atravesé la tormenta electromagnética, estoy seguro que su opinión sería más certera.

El misterio que no desaparecerá

En las décadas de 1980 y 1990, incluso algunos autores de libros que especulaban sobre misterios, como OVNIS, pie grande y otros fenómenos desconocidos, confiaron en el trabajo de Kusche y degradaron al Triángulo de las Bermudas hasta el nivel de rumor falso. Por ejemplo, en *¡Inexplicable!*, el escritor Jerome Clark dijo que el Triángulo de las Bermudas no era un misterio y escribió lo que parecía su obituario: "El alguna vez famoso Triángulo de las Bermudas sobrevive sólo como pie de página en la historia de modas pasajeras y furores efímeros".

Pudo haberlo dicho sin temor a equivocarse, pero estaba en un error, igual que Kusche. Literalmente, allí hay *algo* que está lejos del alcance del radar y que no desaparecerá; no lo vemos, pero lo sentimos. Y si los documentales son un indicio, queremos saber más.

Los canales de televisión por cable que transmitían documentales antiguos del Triángulo de las Bermudas tenían altos índices de audiencia y comenzaron a mandar equipos de productores de documentales que descubrieron que el misterio no estaba muerto, sólo dormía. Con la proximidad del milenio, el Triángulo de las Bermudas volvió a despertar, resurgiendo de sus cenizas, como el mítico fénix. El misterio regresó a la conciencia popular y encontró vida nueva, sobre todo entre los millones de personas que eran muy jóvenes, para recordar su auge en la década de 1970. Los nuevos documentales se transmitieron en *Discovery Channel*, *The History Channel*, *The Learning Channel*, *The Travel Channel* y *PAX*. Las producciones continuas y las transmisiones constantes eran testimoniales del interés que despertaba el misterio.

La razón de tanta atención es sencilla, en el Triángulo de las Bermudas suceden cosas extrañas. Aunque muchas de las misteriosas desapariciones tuvieron lugar hace mucho tiempo, con cierta frecuencia se reportan casos nuevos. A continuación, hablaremos de los aviones extraviados en el mar durante los años recientes.

3

Casos recientes y pasados del Triángulo de las Bermudas

El nombre evoca una leyenda, un aura de misterio, un reino acuático que alberga un secreto, un lugar que es más mito que realidad. En los últimos 30 años, el Triángulo de las Bermudas se ha vuelto parte del folklore del mar y del aire; una región en la que en cualquier momento una misteriosa niebla puede envolver a un barco, como una túnica; donde los sistemas de navegación fallan; donde barcos, aviones y personas simplemente desaparecen.

Todavía pasan cosas en el Triángulo de las Bermudas; los pilotos se encuentran con extrañas nieblas que no aparecen en el radar, los instrumentos electrónicos enloquecen, desorientados pilotos van directo a sus muerte, y en ocasiones los pasajeros de un avión experimentan la distorsión del tiempo.

Esto sucedió a una avioneta Piper en un vuelo de las Bahamas a West Palm Beach, Florida, en las primeras horas de la mañana del 20 de julio de 2002. La Piper Lance II de seis plazas despegó del aeropuerto internacional Freeport de Bahamas a las 5:35 a.m.; en minutos, la aeronave alcanzó 1 410 metros de altitud y el piloto inició contacto por radio desde el aeropuerto con control de tráfico aéreo de Miami.

La avioneta desapareció del radar 25 minutos después de despegar y se estrelló a 25 kilómetros al norte de la costa de la isla Gran Bahama. Aunque esa mañana había nubes de lluvia, no se registraron tormentas eléctricas peligrosas en el área. La avioneta Piper rentada tenía 24 años de antigüedad, pero hacía poco tiempo que le habían hecho un servicio mayor que costó $60 000 y que incluía motor y sistemas electrónicos nuevos.

–La aeronave estaba bien –dijo Michael Callegio, dueño de la Piper, después del accidente.

El piloto, Craig Huber, veterano de la Fuerza Aérea, tenía 280 horas de vuelo y había pasado cuatro horas en el aire con un entrenador en la Escuela de Entrenamiento Aéreo de Palm Beach, antes de que el instituto le rentara la avioneta.

–Era obvio que sabía lo que hacía –dijo Tara Palmer, administradora de la escuela, a un reportero de Palm Beach.

Los investigadores se enfocaron en el hecho de que Huber no tenía licencia para volar por instrumentos en la oscuridad y que la aeronave había salido de Bahamas antes del amanecer. No obstante, el accidente sucedió cuando el sol estaba saliendo por lo que debió haber suficiente luz en el cielo, a menos que la avioneta hubiera quedado atrapada en la niebla. Los investigadores también sugirieron que la noche de apuestas, que se prolongó hasta la madrugada, pudo afectar la capacidad del piloto para tomar decisiones.

Como no hubo sobrevivientes, jamás se sabrá si los sistemas electrónicos de la Piper fallaron de repente o enloquecieron cuando una extraña niebla la cubrió, como ha sido el caso de algunos eventos misteriosos en el Triángulo de las Bermudas. Sin embargo, surgen más preguntas debido al lugar donde sucedió el accidente.

¿Por qué el avión estaba a 25 kilómetros al *norte* de la isla, desviado 90° de su curso, cuando debía estar volando hacia el este en dirección a West Palm Beach? ¿Adónde fue la avioneta durante el vuelo? La Piper debió recorrer cuando menos 70 kilómetros en los 25 minutos que estuvo en el aire.

A una elevación mínima 150 metros por minuto, la avioneta hubiera tardado sólo nueve minutos en alcanzar 1 400 metros, y en ese tiempo habría viajado 25 kilómetros. De ser así, están perdidos quince minutos de vuelo y cuando menos 45 kilómetros antes del accidente.

Confusión, desorientación y continuas vueltas explican por qué el avión estaba en ese lugar cuando se estrelló. Si la niebla electrónica envolvió a la avioneta después de despegar, los instrumentos fallaron, el piloto se confundió, se desorientó y dio vueltas, por eso faltan kilómetros.

Sin embargo, la distorsión del tiempo provocada por la niebla también podría ser una explicación para los kilómetros faltantes. Una razón por la que la distancia viajada no concuerda, podría ser que el avión se adelantara 15 minutos.

Empleados del Club Nacional de Campo y de Golf de Palm Beach, donde Huber encabezaba a los golfistas, dijeron que era un piloto muy competente y famoso por sus suaves aterrizajes.

–Tiene muchos años de experiencia como piloto, no haría una tontería –comentó Tim McArthur, amigo y compañero en el golf, al periódico *Post*.

Uno de los pasajeros presintió que ése sería su último viaje al Triángulo de las Bermudas, y a cualquier otro lado. Chuck Anderson llamó a su madre poco antes de viajar a las Bahamas y le dijo: –Por si no regreso, quiero que todos sepan que los quiero. Después llamó a un amigo y le dio un mensaje parecido.

–Fue impresionante, como si hubiera tenido una premonición –el amigo recordó dos días después del accidente.

El 1° de febrero de 2001, en los Cayos de Florida, en otro misterioso accidente en el que participó una avioneta Piper, un experimentado piloto privado cayó directo al mar cuando se encontró con la neblina. En esa época, Casey Purvis, exitoso hombre de negocios del sur de Florida, trabajaba como voluntario en un programa de entrenamiento de la guardia costera auxiliar de Estados Unidos. Purvis y Rub Fuller, copiloto, se hacían pasar por contrabandistas de droga que entraban al país para que entrenaran los pilotos de la guardia costera.

Justo antes del accidente, el piloto en jefe que volaba un jet Halcón de la guardia costera, se dirigía al sur sobre los Everglades a una altitud de 300 metros; a 800 metros de él, Purvis piloteaba una Piper Archer 32-300 a 450 metros. Cuando estaba acercándose a la estación, en Flamingo, le pidieron a Purvis que recorriera otros tres ó cinco kilómetros, a lo que respondió que no había problema y que veía el aeropuerto Marathon a 40 kilómetros al sur.

Pero un minuto después, Purvis informó que estaba rodeado de niebla. La avioneta de la guardia costera giró al norte y le pidió a éste que lo siguiera a menor velocidad, de manera que entre ellos quedara la distancia suficiente para otra intercepción; Purvis respondió que volaba por instrumentos y que conservaría su ruta hacia el sur.

El jet Halcón le comunicó a Purvis que iba adelante de él, que el clima estaba despejado y que la nave no tenía problemas. Minutos más tarde volvieron a llamar a Purvis, pero no contestó; se hicieron muchas más llamadas y como no se obtuvo respuesta, se inició la búsqueda del piloto desaparecido.

A pesar de que el guardia costero le pidió que girara al norte, Purvis siguió volando hacia el sur. Según la información del radar, a las 7:47 p.m. la Piper iba en dirección sur a 480 metros; en los siguientes minutos, el avión hizo algunas maniobras primero a la derecha y después a la izquierda; en total dio siete vueltas sin explicación. La avioneta descendió a 450 metros y a las 7:51 p.m. desapareció del radar.

A Purvis le gustaba participar como voluntario en el programa auxiliar y volaban entre 20 y 30 horas a la semana para ellos. Su registro de vuelo era impecable, no tenía accidentes, incidentes ni violaciones; había acumulado 1 586 horas de vuelo, de las cuales 1 375 fueron en la avioneta Piper; voló 149 horas de noche y 65 por instrumentos, para lo que estaba certificado. Trabajó más de dos años con la guardia costera.

Cuando se recuperó la avioneta, sumergida a dos metros, la Junta Nacional de Seguridad en el Transporte (NTSB, por sus siglas en inglés) no encontró evidencia de fallas mecánicas ni en los instrumentos, y el hijo del piloto dijo que el tanque de combustible se llenó antes del despegue. Aunque Purvis reportó que había niebla y la visibilidad era escasa, las condiciones climáticas eran buenas, con una visibilidad de 145 kilómetros, y vientos ligeros.

La NTSB llegó a la conclusión de que Purvis se desorientó y no pudo distinguir el norte, por eso cayó al mar. El informe afirmaba: "La ausencia del horizonte natural, o de una referencia, es común en los vuelos sobre el mar, sobre todo de noche en áreas poco pobladas o cuando la visibilidad es escasa. Quizá el desorientado piloto llevó la avioneta a una altitud peligrosa; por lo tanto, el uso de los instrumentos de vuelo es esencial para conservar la altitud adecuada cuando hay elementos que puedan provocar desorientación".

Sin embargo, como ya se mencionó, Purvis tenía experiencia en esas condiciones, con frecuencia volaba de noche y sabía hacerlo por instrumentos. Pero una explicación más sólida del porqué Purvis cayó al mar es que los instrumentos fallaran temporalmente a causa de anomalías electromagnéticas.

Sucedió lejos del Triángulo de las Bermudas, pero existen algunas similitudes interesantes entre el accidente de la avioneta Piper que volaba John F. Kennedy hijo y la que piloteaba Casey Purvis. Lo ocurrido a JFK en un viaje directo a Martha's Vineyard recibió más atención y escrutinio que cualquier accidente de una avioneta privada.

El viaje salió el 16 de julio de 1999 del aeropuerto del Condado Essex, donde Kennedy notificó a la torre de control su decisión de despegar. La avioneta no volvió a comunicarse con Essex ni con Martha's Vineyard.

Aunque la torre de control de Martha's Vineyard informó que las condiciones climatológicas eran buenas y la visibilidad era de entre trece y dieciséis kilómetros, esa misma noche tres pilotos volaron a la isla y reportaron que había bruma y que la visibilidad era de cinco a ocho kilómetros, pero ninguno habló de niebla ni de nubes.

Uno de los pilotos dijo que cuando descendía sobre Martha's Vineyard, no se veía la isla: –No se veía nada, no había horizonte ni luz... Di vuelta a la izquierda hacia Martha's Vineyard para ver si la distinguía, pero no había luces ni rastro de la isla; creí que había habido un apagón.

Otro piloto canceló el viaje a Martha's Vineyard por el mal clima.

–A mi juicio, la visibilidad era aproximadamente de seis kilómetros, había demasiada bruma.

Igual que Purvis, parece que Kennedy se confundió, se desorientó y dio varias vueltas, lo que provocó el accidente. A 55 kilómetros de Martha's Vineyard, el radar indicó que la avioneta inició el descenso, su altitud era de 1 650 metros. A las 9:38 p.m., la Piper giró a la derecha y quedó inclinada durante cinco minutos, mientras descendía a 660 metros, y cuando terminó de dar la vuelta se elevó a 750 metros; dos minutos después, la aeronave dio vuelta a la izquierda, en un giro de 28°, y subió a 780 metros; quince segundos más tarde, empezó a descender con rapidez a 270 metros por minuto y volvió a girar a la derecha, en un ángulo de 45°; la avioneta siguió girando y entró a la "espiral de la muerte" conforme su velocidad de descenso aumentó a más de 1 410 metros por minuto, hasta que a las 9:41 p.m. se estrelló en el agua.

Sin embargo, las vueltas no fueron la única evidencia de que Kennedy estaba desorientado. Para evitar la espiral de la muerte, debió disminuir la velocidad, desacelerar la avioneta en la medida de lo posible, pero los investigadores que analizaron los restos de la aeronave descubrieron que los controles del acelerador y del árbol de hélice estaban hasta el fondo.

En los casos de Kennedy y de Purvis, la Junta Nacional de Seguridad en el Transporte llegó a la conclusión de que la causa del accidente fue la desorientación. Aunque Kennedy no tenía la misma experiencia que Purvis, pasó el examen de vuelo por instrumentos de la Administración Federal de Aviación (FAA, por sus siglas en inglés) y su instructor consideró que tenía "muy buenas" capacidades para volar a pesar de su experiencia; dijo que los conocimientos básicos del vuelo por instrumentos y su desempeño en el simulador eran excelentes.

Como Kennedy nunca se comunicó con la torre de control de Martha's Vineyard, no se sabe qué clase de situación vivió. En su reporte, la NTSB llegó a la conclusión de que la bruma desorientó a Kennedy, aunque esa noche otros pilotos volaron bajo las mismas condiciones sin ningún incidente. Pero igual que en el caso de Purvis, es posible que Kennedy se enfrentara a una situación más grave, una niebla localizada que no reportaron el servicio meteorológico, ni la torre, ni los demás pilotos. Pudo haberse tratado de niebla electromagnética, relacionada con la radiación electromagnética, que envolvió a la avioneta y provocó que la visibilidad fuera nula, en lugar de la condición reportada; pero nunca lo sabremos.

Uno de los casos más extraños y más investigados sobre la drástica y repentina desaparición de una aeronave fue el de un vuelo charter que iba de St. Croix a St. Thomas. En 1978, el vuelo 912 de Eastern Caribbean simplemente desapareció cuando estaba por aterrizar en el aeropuerto de St. Thomas, a pesar de que el clima era bueno.

–El piloto se comunicó conmigo en el último trecho del viaje, estaba a 24 kilómetros al sur del aeropuerto –recuerda William Kittenger, que en ese entonces era controlador de tráfico aéreo en el aeropuerto de St. Thomas–. Tuve contacto visual de la nave cuando se encontraba a tres kilómetros.

Kittenger desvió la mirada para darle instrucciones a otro vuelo que iba a despegar; cuando volvió la vista esperaba ver al Najavo cerca de la pista, pero no lo encontró. Consultó el radar, la aeronave había desaparecido.

–Me imaginé que el avión se había caído y de inmediato llamé a la guardia costera y al departamento de accidentes, en minutos llegaron a la escena.

Aunque el vuelo 912 debió estrellarse en la profundidad del mar, no se encontraron restos del avión, ni cadáveres, ni escombros, ni una sola señal de la caja negra, como si la aeronave hubiera desaparecido en el aire. Kittenger, a quien *Discovery Channel* entrevistó hace poco para un documental, sigue impactado por el incidente.

–Debieron encontrarse restos. Si desde la azotea de un edificio de 300 metros de altura se deja caer un objeto al agua, éste se convertirá en escombros –pero nunca se encontró nada.

A veces, los aviones desaparecen aún cuando las condiciones meteorológicas son muy buenas. El 5 de junio de 1999, una Cherokee 150 desapareció ante un cielo azul y aguas tranquilas cuando estaba por llegar a St. Croix, en las islas Vírgenes, Estados Unidos. La británica Mary Pomeroy despegó a las 3:12 p.m. de San Martín, Antillas Menores; a las 3:19 p.m. contactó a la torre de control de San Juan, Puerto Rico y dio a conocer su plan de vuelo; minutos más tarde, volvió a comunicarse y dijo: –Cero, dos, foxtrot, cuatro, cinco, en la línea divisoria, cambio –el mensaje indicaba que estaba entrando al espacio aéreo de Estados Unidos, fue lo último que supieron de Pomeroy.

Como el avión no llegó al aeropuerto de St. Croix, se inició la búsqueda. La guardia costera coordinó la tarea con un barco patrulla de las islas Vírgenes británicas, otro barco de la guardia costera, un helicóptero y dos Hércules C-130; recorrieron 12 000 kilómetros de aguas tranquilas durante dos días sin encontrar rastro del avión, que estaba equipado con artículos de flotación, incluida una balsa salvavidas color anaranjado. Lo más desconcertante es que no se detectaron señales de ninguno de los micrófonos de emergencia que iban a bordo, lo que podría significar que el resto del equipo electrónico también falló. El informe de la Junta Nacional de Seguridad en el Transporte dice que la causa no está determinada y el caso sigue sin resolverse.

La despejada noche del 5 de enero de 2000, una Cessna 172 se acercaba al aeropuerto de San Agustín, en el norte de Florida. A las 9:42 p.m., el radar indicó que la avioneta se encontraba a cinco kilómetros de San Agustín y se acercaba a tierra por el canal intracostal a 780 metros; tres minutos más tarde, el controlador de tráfico aéreo la ubicó en el radar a 600 metros aún en dirección norte.

El piloto, que se dirigía a Jacksonville, debió seguir la línea costera; sin embargo, en los siguientes 30 segundos la avioneta giró a la derecha y descendió a 360 metros. Entonces, cuando estaba a tres kilómetros de tierra y en dirección al este, el piloto volvió a comunicarse con el controlador y en esa ocasión se escuchaba nervioso.

– No sé en qué dirección voy, no veo nada.

–Repita –fue la respuesta del controlador 30 segundos después, pero el piloto no contestó e instantes después la avioneta despareció del radar. Al día siguiente, se recuperaron el cadáver y los restos de la aeronave a seis kilómetros de la costa.

En su informe, la Junta Nacional de Seguridad en el Transporte atribuyó el accidente a la desorientación del piloto: "La falta de experiencia del piloto para volar por instrumentos provocó su desorientación y la subsiguiente colisión en el agua. La noche oscura, sin horizonte visible, también contribuyó al accidente".

Pero ¿por qué el piloto se encontró abruptamente mar adentro y no pudo volver a ubicar la iluminada costa? Una respuesta puede ser que entrara a una densa niebla localizada y no haya salido; pero aún así, pudo haberse guiado con la brújula, dar vuelta al oeste y volver a la costa, a menos que la brújula empezara a girar y fallaran los instrumentos. En ese caso, como no se veía el horizonte ni las luces de la ciudad, la confusión y la desorientación llevaron al piloto a la espiral de la muerte en segundos.

En los archivos de la Junta Nacional de Seguridad en el Transporte se encuentran muchos casos similares; por ejemplo, un despejado día de finales de junio de 1979, John Potter y un amigo salieron de St. Croix en una Cessna 150, tenían planeado viajar a St. Thomas para tomarse tres días de vacaciones. La avioneta despegó a las 5:11 p.m. y seis minutos después Potter se comunicó con la torre de control de St. Croix para pedir el cambio de frecuencia de rutina, pero ésa fue la última vez que supieron del piloto. La avioneta nunca llegó a St. Thomas y no se encontraron rastros de la aeronave ni de los pasajeros.

Los accidentes de aviones privados o de líneas aéreas comerciales en los que viajan personas famosas, como John Kennedy hijo, reciben importante cobertura por parte de los medios de comunicación, pero a la gente casi no se le informa de los aviones privados que desaparecen del radar en el Triángulo de las Bermudas y jamás vuelven a verse. A excepción de los casos registrados, muchas desapariciones nunca son del dominio público, no hay constancia de ellas. Por ejemplo, los pilotos de algunas aeronaves privadas a veces no comunican sus planes de vuelo porque entre ellas se encuentran avionetas que ingresan droga de manera ilegal al país, por eso nadie se entera si llegan o no a su destino, y si se enteran, no lo reportan.

Un caso conocido es el de la Aero Commander 500B que se estrelló cerca de Nassau el 12 de mayo de 1999 bajo buenas condiciones de vuelo. Al momento del accidente, el piloto estaba en contacto por radio con Control Terrestre de Nassau; por alguna razón, dio una vuelta de 360° sin permiso y se dirigió a la pista nueve. En ninguna de las conversaciones por radio el piloto informó que tuviera problemas mecánicos o médicos, sabía que estaba a punto de aterrizar en la pista especificada, pero el avión se hundió en el mar. Lo único que se encontró fue una balsa salvavidas para seis personas vacía, cinco chalecos salvavidas amarillos y unas cuantas partes de la aeronave.

Aunque la NTSB afirmó que un error del piloto fue la causa del accidente, el caso sigue abierto. ¿El avión quedó atrapado en una niebla localizada en el último tramo del viaje? ¿Los instrumentos fallaron porque se enfrentó a una anomalía magnética? Como no hubo sobrevivientes ni escombros, jamás se sabrá la respuesta.

La niebla se señaló como la culpable de un accidente en el aeropuerto de St. John, en la isla San Agustín, el 18 de enero de 2001. Un piloto estudiante realizaba un vuelo a campo traviesa bajo supervisión cuando sucedió el accidente. En el aterrizaje, el avión viró a la izquierda, se salió de la pista y chocó con una señal del aeropuerto. El piloto explicó que justo antes de aterrizar, la niebla lo envolvió y perdió contacto visual de la pista, tocó tierra pero después se salió de la pista.

El problema con la explicación del piloto fue que la niebla era tan localizada, que nadie más la vio; las condiciones meteorológicas eran buenas, la visibilidad era de 16 kilómetros y la gente que estaba en el aeropuerto no vio ninguna niebla. Parece que el piloto estudiante inventó una excusa para disculpar su error, pero considerando la naturaleza esquiva de la niebla electrónica, el piloto se merece el beneficio de la duda.

Éste es el caso de un vuelo de Florida a Cuba que nunca llegó a su destino ni tampoco se encontraron rastros del avión.

En el otoño de 1978, 21 productores limoneros contrataron un avión de Argosy Airlines, una línea aérea del Caribe, para que los llevara de Florida a La Habana una vez que terminaron su recorrido por el país. El vuelo 902 obtuvo un permiso especial porque Cuba es territorio restringido.

El avión despegó de Fort Lauderdale a medio día bajo un cielo medio nublado. Luego de alcanzar los 1 800 metros de altitud, el piloto George Hamilton llamó al centro de Miami; fue extraño, pero no obtuvo respuesta. Un poco después, a las 12:25 p.m., la aeronave se comunicó con La Habana, pero la interferencia estática hacía que los mensajes fueran indescifrables. Como cortesía, un avión que iba a mayor altitud retransmitió los mensajes a La Habana, y a las 12:35 p.m., éstos se escuchaban con claridad.

La Habana estaba lista para recibir al avión, su radar indicaba que iba en la ruta correcta. Entonces, minutos más tarde, a las 12:43 p.m., el vuelo 902 de Argosy desapareció; ya no hubo ningún destello verde en la pantalla, ni mensajes de auxilio, ni señales del Trasmisor de Localizador de Emergencia (ELT, por sus siglas en inglés).

Miami y La Habana coordinaron de inmediato la búsqueda, las unidades de la guardia costara de Estados Unidos y de la Fuerza Aérea llegaron a la escena y las patrullas aéreas de Cuba sobrevolaron el lugar. En la tarde, el barco de la guardia costera *Steadfast* coordinó la tarea en la superficie y la orden de búsqueda llegó a todas las embarcaciones, a otros cuatro barcos de la guardia costera, un helicóptero y una avioneta C-131.

Se envió el siguiente cable:

> *A todas las embarcaciones en el estrecho de Florida – Canal Nicholas, el vuelo 902 (n407d) de Argosy está retrasado. Salió de Fort Lauderdale hacia La Habana, Cuba. Descripción: blanco con línea azul en el costado. Cuatro personas a bordo. Se pide a todas las embarcaciones que busquen escombros, salvavidas amarillos, gente en el agua. Atentamente: Guardia costera, Miami, FL.*

El avión DC-3 llevaba 32 chalecos salvavidas amarillos y asientos flotadores, pero no se encontró nada, ningún resto; el avión y sus cuatro pasajeros desaparecieron. En su informe, la Junta Nacional de Seguridad en el Transporte llegó a la conclusión de que las condiciones meteorológicas no afectaron al vuelo: "La información meteorológica registrada en el momento y el lugar en que se identificó por última vez la posición del avión en el radar, indicó que la circunnavegación de las células meteorológicas no provocó ningún problema, pero quizá favoreció la ligera desviación del avión hacia la derecha".

Se descartó un error del piloto cuando se descubrió que Hamilton había acumulado 15 227 horas de vuelo, 3 000 de la cuales fueron en aviones DC-3. El caso se cerró sin saber por qué desapareció el avión.

Los casos no se acaban. Las causas de algunas de las desapariciones son de índole natural: mal clima, equipo en mal estado, malas decisiones, pero en otras hay elementos misteriosos e inexplicables que indican la presencia de una fuerza anómala que surge del mar o del aire. En el siguiente capítulo se analizará uno de los casos más famosos y misteriosos, el controversial vuelo diecinueve.

4
Viaje al olvido

Ninguna leyenda del Triángulo de las Bermudas ha atraído tanto interés ni ha provocado tanta controversia como la saga del vuelo diecinueve. La historia de cinco aviones de la Armada con catorce pilotos estudiantes que de regreso de las Bahamas no encontraron la parte continental de Estados Unidos, ha impactado a generaciones. El escuadrón desapareció sin dejar rastro y uno de los aviones de rescate le siguió en el camino hacia el olvido.

Si el vuelo diecinueve hubiera vuelto sin contratiempos, el Triángulo de las Bermudas jamás habría obtenido fronteras, nombre ni fama, se consideraría un área de tormentas letales y enigmáticas anomalías electromagnéticas que afectan a los equipos de navegación. Pero en los años posteriores a la desaparición del vuelo diecinueve, los investigadores descubrieron más historias de aviones y barcos perdidos cuyas desapariciones sucedieron en el mismo lugar, por eso bautizaron a esa desafortunada área del mar y del aire como el Triángulo del Diablo, el Triángulo de Mala Suerte y el Triángulo de las Bermudas.

Todo comenzó en las primeras horas de la tarde del 5 de diciembre de 1945, cuando cinco bombarderos Avenger salieron de la estación aeronaval de Fort Lauderdale en una misión de entrenamiento de rutina. La ruta era un triángulo: el este de las Islas Berry, el norte de una isla cercana a Gran Bahama y de regreso a Fort Lauderdale. Ese día en la mañana, dos escuadrones hicieron el ejercicio y otro salió 25 minutos antes que el vuelo diecinueve, ninguno tuvo problemas; sin embargo, este vuelo se convertiría en algo extraordinario. El piloto que iba al frente del escuadrón se desorientó, las brújulas dejaron de funcionar y se convenció de que se había salido de su curso. Los cinco aviones y los catorce tripulantes desaparecieron sin dejar huella.

La primera señal de que había problemas se registró a las 3:40 p.m., una hora y media después del despegue. El teniente Robert Cox, instructor con experiencia de la estación aeronaval, también iba volando y a través de la frecuencia de radio asignada al escuadrón, escuchó que el teniente Charles Taylor, capitán de fragata, pedía ayuda a su asistente. Cox le dijo a los investigadores de la oficina naval que Taylor no dejaba de preguntarle al capitán de Marina Edward J. Powers, hijo, qué decía la brújula; al final, Taylor aceptó que estaba perdido.

–No sé dónde estamos, debimos perdernos en la última vuelta.

Cox se comunicó por radio con Taylor para preguntarle qué sucedía y éste respondió: –Ninguna de las dos brújulas funciona y estoy buscando Fort Lauderdale; vuelo sobre tierra, pero no sé dónde. Estoy seguro que estoy en los Cayos, pero no sé en qué lugar y no sé cómo llegar a Fort Lauderdale.

En retrospectiva, parece que algo estaba afectando los instrumentos y la claridad de pensamiento de Taylor, pues su base estaba en Key West y conocía el área. Cualquier piloto con la mitad de su experiencia volando en los Cayos, habría sabido que para llegar a Fort Lauderdale sólo tenía que seguir la cadena de islas hacia tierra firme, con el sol del atardecer en la parte posterior izquierda del avión.

Cox le dijo a Taylor que ubicara al sol en el ala izquierda de su avión y volara al norte, hasta llegar a Fort Lauderdale.

–¿Qué altitud tienes? Descenderé para encontrarte.

Un momento después, Taylor respondió:

–Ya sé dónde estoy. Me encuentro a 690 metros, no vengas por mí.

–Entendido. Estás a 690 metros, pero de todas maneras voy a bajar por ti –contestó Cox.

Aunque cuatro de los cinco pilotos del vuelo diecinueve eran estudiantes porque estaban en el programa de entrenamiento, todos tenían experiencia de 400 horas de vuelo, y su siguiente tarea era aprender a aterrizar portaaviones, misión reservada para los pilotos más hábiles de la Armada. A los 29 años, Taylor era el piloto con más experiencia, había acumulado 2 509 horas de vuelo y era considerado como excelente, pero ese día nada le salió bien.

Cuando Cox se dirigía al sur, hacia los Cayos, volvió a escuchar a Taylor por radio: –¿Podrías pedirle a Miami o a quien sea que prenda su radar y nos guíe? No estamos avanzando.

Taylor también informó que uno de los estudiantes había piloteado la nave.

–Se salió de la ruta de navegación y en la segunda etapa me di cuenta que iba en la dirección equivocada, así que tomé el mando para volver a la ubicación correcta, pero ninguna de mis brújulas funciona.

Cox volvió a comunicarse con Taylor, quien en esta ocasión no sabía dónde estaba; seguía preguntando a los demás pilotos del escuadrón qué decían las brújulas, pero continuaba la confusión, ninguno estaba seguro que funcionaran las brújulas. ¿Es posible que todas se descompusieran?

Tres décadas más tarde, cuando el Triángulo de las Bermudas estaba en su apogeo, la Armada emitió un informe sobre el vuelo diecinueve, el cual apareció en la edición de la revista *Sealift* de junio de 1974. Howard L. Rosenberg escribió: "Si los aviones atravesaban una tormenta magnética, es muy probable que las brújulas fallaran. A decir verdad, lo que el hombre sabe sobre el magnetismo es poco; vive con él, huye de él yendo al espacio, pero no sabe qué es exactamente".

Cox le pidió a Taylor que prendiera su equipo de Identificación amigo-enemigo (IFF, por sus siglas en inglés) de emergencia, que al activarse hace que la imagen del avión brille con más intensidad en el radar de tierra. En su confusión, Taylor dijo primero que no lo tenía, pero después lo encontró y lo encendió. Cox también le sugirió que prendiera el ZBX, un aparato receptor de YG muy parecido a los buscadores automáticos de ruta que hoy en día traen los aviones y que le indican al piloto en qué dirección avanzar. En tierra, tres operadores navales también se comunicaron con Taylor por radio para decirle que prendiera su ZBX, pero ninguno obtuvo respuesta.

A las 4 p.m., Cox escuchó a Taylor decir que volaba a 1 350 metros y que la visibilidad era de entre dieciséis y diecinueve kilómetros, pero la trasmisión de radio se perdió y Cox no pudo volver a comunicarse con Taylor. Aquél regresó a Fort Lauderdale a las 4:40 p.m. con pésimas condiciones climatológicas porque se acercaba una tormenta del Atlántico; en la última transmisión que escuchó de Taylor, éste repetía que había retomado el control del avión después de que los pilotos estudiantes se equivocaran de dirección.

Para analizar el vuelo diecinueve, Bruce Gernon recreó la ruta que siguió el escuadrón. El segundo punto de control de los pilotos era una isla que se llama Great Sale Cay, ubicada a 32 kilómetros al norte de la isla Gran Bahama. Como se dirigían al norte y la intensidad del viento estaba aumentando, quizá no vieron la isla y se siguieron dieciséis kilómetros al este. Fue entonces cuando Taylor, que creyó que estaba en los Cayos y cerca de Miami, informó por radio que no estaban avanzando.

Años después de su experiencia en el Triángulo, Gernon y el copiloto Chris Hope viajaron la misma ruta que tomó el vuelo diecinueve. Ambos pilotos, que habían vivido en los Cayos de Florida, quedaron sorprendidos con la similitud que hay entre Bahamas y los Cayos; Hope dijo que una de las islas era idéntica a Key Largo. Observaron las islas desde diferentes altitudes y entre más descendían, más se parecían a los Cayos; sobre todo un grupo de 20 islas entre Gran Bahama y Little Abaco, conocidas como Cross Cays, era igual a las islas que había en los Cayos del sur, cerca de Big Pine Key. La diferencia, claro, era la serie de puentes que conectan a los cayos; sin embargo, hay docenas de cayos más pequeños que no están comunicados con puentes.

Cuando el teniente comandante Charles M. Kenyon, oficial de la estación de operaciones de la estación aeronaval de Fort Lauderdale, supo de los problemas que tenía el vuelo diecinueve, no se preocupó demasiado; ya muchos otros pilotos se habían desorientado y encontraron la manera de regresar a la base. Además, hacía poco había dado una cátedra a los pilotos sobre los procedimientos a seguir cuando se pierden los aviones. Después dijo a los investigadores: –Supuse que su confusión era temporal y que con las instrucciones que les había dado y gracias a que otro avión que iba volando había recibido las transmisiones, regresarían sin contratiempos.

A las 4:25 p.m., el personal de radio de Puerto Everglades recibió una llamada de Taylor.

–Acabamos de pasar una isla pequeña y ya no tenemos tierra a la vista. Mi altitud es de 1 050 metros y tengo prendido el IFF de emergencia, ¿alguien puede identificarnos en el radar?

Gernon cree que en ese punto el escuadrón pasó el conjunto de islas que está después de Great Abaco Island, a 26 kilómetros de distancia, y que por eso volaron durante un tiempo sin ver tierra.

A las 4:30 p.m., radio de Puerto Everglades volvió a hacer contacto con Taylor; como éste tenía problemas con las brújulas, le sugirieron que permitiera que otro piloto se encargara del regreso. Taylor aceptó la sugerencia y minutos después informó que un piloto decía que si volaban al oeste, llegarían a la península.

A las 4:45 p.m., Taylor llamó a Puerto Everglades y dijo: –Viajaremos a 030° durante 45 minutos, y después volaremos al norte para asegurarnos que no estamos en el Golfo de México.

A las 5:00 p.m., uno de los pilotos estudiantes le dijo a Taylor:

–Si vamos al oeste llegamos a casa.

–Carajo, si voláramos al oeste... –otro de los pilotos lo apoyó.

Pero Taylor seguía creyendo que estaban en el Golfo de México y se escuchó que le ordenó a los pilotos que volaran al norte durante diez minutos. Varios minutos más tarde dijo: –Vayamos más al norte y no hacia el este; si hay tierra, la encontraremos.

Taylor se comunicó por radio a tierra firme.

– Hola, Puerto Everglades, es el vuelo diecinueve. ¿Me escuchan? Cambio.

– Vuelo diecinueve, habla Puerto Everglades. Adelante.

– Casi no los escucho. Nos dirigimos al oeste –reportó a las 5:15 p.m.

En ese momento, se escuchó que Taylor ordenaba a todos los aviones que se acercaran y no se salieran de la formación, que si un avión tenía que hacer un amerizaje forzoso, todos lo harían. Cinco minutos más tarde dijo: –Cuando al primer hombre le queden 40 litros de combustible, todos aterrizaremos en el agua. ¿Les quedó claro?

Las indicaciones de Taylor eran una muestra de su continua confusión y de su creciente ansiedad, ya estaba hablando de hacer un aterrizaje forzoso en el agua aunque les quedaba combustible para más de dos horas, suficiente para volver a la tierra por la que habían pasado porque el sol se metería en diez minutos, estaba nublado y no habría luna.

–Puerto Everglades, habla Taylor. Casi no los escucho. ¿Cómo está el clima en Lauderdale?

–El clima en Lauderdale está despejado; la visibilidad es ilimitada en Key West; en las Bahamas está nublado, cielo oscuro, visibilidad escasa.

En media hora, el exterior de la cabina de mando se sumiría en la oscuridad. Estaba nublado, así que no habría luna ni estrellas, y el mar estaba picado debido a los fuertes vientos, pero seguían volando sobre el océano en lugar de regresar a la tierra que habían visto en la última hora. Si amerizaban en aguas poco profundas cerca de la orilla, tendrían grandes posibilidades de sobrevivir.

A las 6:00 p.m., Puerto Everglades llamó a Taylor.

–¿Recibió mi última transmisión? Cambie a tres mil kilociclos.

–Repita.

–Cambie al canal uno, tres mil kilociclos.

–No puedo cambiar de frecuencia –respondió Taylor–. Debo conservar intactos los planes, no puedo cambia a tres mil kilociclos, nos quedamos en 4 805.

Una vez más, Taylor olvidaba su entrenamiento. Un elemento importante del procedimiento del avión perdido es cambiar a la frecuencia de emergencia porque las transmisiones de radio llegan con más fuerza y hay más estaciones en tierra que pueden escuchar, responder y ofrecer asistencia. Taylor debió cambiar de frecuencia dos horas más temprano.

A las 6:00 p.m., el vuelo diecinueve tenía 45 minutos volando al oeste. Cuando dieron la vuelta quizá se encontraban a

145 kilómetros al este noreste de la cadena de islas de las Abaco, que habían confundido con los Cayos de Florida. Ahora su ubicación era de 80 kilómetros al norte de Walkers Cay, la isla que se encuentra más al norte de las Bahamas, a 160 kilómetros de Florida, y podían llegar a la costa en menos de una hora.

A las 6:02 p.m., Puerto Everglades recibió fragmentos de la conversación entre los pilotos, pero ninguno de ellos escuchaba las llamadas.

–En cualquier momento tendremos que amerizar de emergencia –dijo una voz.

–Taylor a Powers, ¿me escuchas?... Taylor a Powers, he tratado de comunicarme contigo. Nos dirigimos al oeste –pero en otra actitud desconcertante, Taylor vuelve a retractarse–. No avanzamos lo suficiente hacia el este, den vuelta; o quizá mejor volvemos a dar la vuelta y vamos otra vez al este... Habla Taylor. Den la vuelta y volemos al este hasta que nos quedemos sin combustible. Creo que tendremos más posibilidades de que nos encuentren cerca de la costa.

–Taylor, habla Puerto Everglades. ¿Me escucha?

–Negativo... –respondió una voz desconocida–. ¿Cuál es nuestro curso? Estamos sobre el Golfo, no avanzamos mucho al este... ¿Cuánto tiempo llevamos en este curso?

En los siguientes minutos se escucharon pedazos de conversación.

–Taylor a Powers. ¿Cuál es tu curso?

–¿Qué curso tenemos en este momento? –preguntaba una voz desconocida.

Después de las 6:17 p.m., sólo se escucharon trasmisiones tergiversadas, las voces casi no se entendían, y a las 7:04 p.m. todo era silencio en el vuelo diecinueve.

A la hora en que Taylor indicó que dieran vuelta al este otra vez, el escuadrón debió encontrarse a 110 kilómetros al este de Florida. Para entonces estaba oscuro, había nubes en el cielo, lluvia aislada y el viento soplaba de este a sureste a 50 kilómetros por hora; debían estar sobre la corriente del Golfo, donde había olas porque el mar estaba picado.

Si hubieran mantenido su rumbo hacia el oeste, habrían llegado a Florida antes de las 7 p.m. Por desgracia, cumplieron la extraña orden de Taylor de volar al este hasta quedarse sin combustible y desaparecieron en el abismo del mar de los Sargazos.

Cinco hidroaviones de la Armada despegaron poco después de las 6:00 p.m., y se avisó a diez barcos para que revisaran la zona. Minutos después, el Centro de Evaluación de Fronteras Marinas ComGulf, de Miami, trazó los vectores de la posición aproximada del vuelo diecinueve.

Para obtenerla, el centro recurrió a los informes de las relaciones direccionales que enviaron las estaciones ubicadas en la línea costera que va de Nueva Jersey a Texas; la posición se estableció dentro de un radio de 160 kilómetros, 29°, 15' al norte, y 79°, 0' al oeste. Gernon cree que el escuadrón estaba en la parte más baja del cuadrante sur suroeste, a 155 kilómetros al este noreste de la cadena de islas de la Abaco, la cual Taylor confundió con los Cayos.

La lluvia y la oscuridad eran un obstáculo para los aviones de rescate. No se encontró huella de ninguno de los cinco Avenger y desapareció uno de los aviones que emprendió la búsqueda; nunca se encontraron cadáveres, pero uno de los barcos de rescate vio una explosión, que quizá fue la del hidroavión, del que se localizó parte de los escombros, pero las condiciones climáticas no permitieron que se recuperaran.

Al amanecer del día siguiente, dio inicio una de las búsquedas más intensas de la historia, más de 200 aviones y diecisiete embarcaciones se unieron a la búsqueda de los pilotos desaparecidos y el perímetro de búsqueda se extendió 480 kilómetros al este hacia el Atlántico, y al norte y al sur por todo el estado; al atardecer, no se había encontrado ni un rastro del vuelo diecinueve. Al día siguiente, 242 aviones continuaron buscando y más barcos se unieron a los que ya recorrían las aguas en busca del escuadrón perdido; una vez más, nada encontraron. La labor continuó tres días más.

Al quinto día, a las 3:27 p.m., Miami envió un mensaje a todos los aviones, barcos y estaciones: "La búsqueda de cinco aviones que desaparecieron el 5 de diciembre de 1945 concluirá cuando todos las naves regresen de su misión hoy; no se llevarán a cabo más acciones. Todas las aeronaves y embarcaciones manténganse alerta y reporten cualquier información pertinente".

La búsqueda del vuelo diecinueve terminó y los pilotos se dieron por muertos, pero la controversia generada por las causas de la desaparición apenas comenzaba.

En enero de 1946, la Oficina de Investigación Naval de Miami emitió el informe final del caso: "La causa principal de la desaparición del vuelo diecinueve fue la confusión del piloto en cuanto a su ubicación; su error al no tomar en cuenta los fuertes vientos, que aparentemente lo llevaron más al este de lo que se percató; y su necedad de no utilizar el radio de emergencia que tenía a su disposición".

El contraalmirante E.D. Wagner añadió una nota al final del informe: "Los pilotos que guiaban al escuadrón se confundieron a tal grado, que sufrieron una especie de alteración mental".

El reporte final no les hizo nada de gracia a la madre de Charles Taylor, Catherine Taylor, ni a Mary Carroll, hermana de ésta, por eso iniciaron acciones para obligar a la Oficina de Investigación a que reconsiderara su decisión de echarle la culpa al teniente Taylor. Para ello, las hermanas contrataron a un joven abogado de nombre William L. P. Burke, la persona ideal para defender al difamado piloto, porque Taylor le había salvado la vida en dos ocasiones cuando estuvieron emplazados en Key West. La primera vez, Taylor voló a las Bahamas en un hidroavión y aterrizó con una tormenta para salvar a Burke, quien quedó a la deriva en una balsa salvavidas después de que se estrelló; la segunda, Burke se perdió en un vuelo nocturno y Taylor lo encontró y lo acompañó de regreso a la base.

Burke interpuso una apelación, pidiendo que la Armada volviera a analizar el caso de Taylor. El 19 de noviembre de 1947, la Junta de Corrección de Expedientes Navales exoneró al piloto: "Después de una cuidadosa y meticulosa revisión de todos los factores del caso, la junta llegó a la conclusión de que el vuelo desapareció por causas o razones desconocidas".

Ya no se culpó a Taylor por la desaparición del vuelo diecinueve, pero eso no cambió la opinión de algunos investigadores, que aún siguen creyendo que fue su culpa. Hoy en día la controversia está viva, los aviones desaparecidos no se encontraron y no se resolvió el misterio.

Bruce Gernon siente que un estrecho lazo lo une con los pilotos perdidos del vuelo diecinueve y cree que su experiencia con la tormenta electromagnética en 1970 estuvo relacionada con lo que sucedió ese día, 25 años antes.

–La primera vez que supe del vuelo diecinueve, en 1971, me imaginé que el escuadrón se había enfrentado a una tormenta electromagnética como la que yo atravesé.

Gernon leyó todo lo que se ha escrito sobre ese vuelo y hoy, a más de 30 años, sigue convencido de que él y los pilotos del vuelo diecinueve se enfrentaron al mismo fenómeno meteorológico. Señala que las condiciones climáticas se repiten en forma idéntica; una fuerte tormenta eléctrica tiene lugar en cierta locación, y al día siguiente una tormenta similar se presenta en el mismo lugar y a la misma hora; un frente frío llega a Norte América un día de invierno en particular, y años después un frente frío igual aparece el mismo día; un huracán puede viajar desde África para azotar el Caribe, dirigirse al norte y disiparse en el Atlántico, y muchos años más tarde un huracán idéntico toma la misma ruta en la misma fecha.

–Creo que el 5 de diciembre de 1945 y el 4 de diciembre de 1970, se presentó el mismo fenómeno cíclico en el mismo lugar de las Bahamas; ambas tormentas se originaron a las 3 p.m. y se disiparon una hora y media después, pero el radar no las detecta debido a la velocidad con la que aparecen y desaparecen. La tormenta que yo atravesé tenía 80 kilómetros de diámetro, y su extremo norte se ubicaba justo en la ruta del vuelo diecinueve.

"Estoy convencido de que el escuadrón entró a la tormenta a las 3:30 p.m. y salió en menos de diez minutos, antes de que Charles Taylor hiciera su primera llamada de angustia. El vuelo diecinueve penetró demasiado en la tormenta y en el campo de energía electromagnética y como estuvieron casi diez minutos en la tormenta, se sobreexpusieron al electromagnetismo y el desenlace del vuelo fue dramático.

No hay evidencia de que el vuelo diecinueve haya entrado a una tormenta electromagnética ni de que dicha tormenta pudiera haber alterado la claridad de pensamiento de los pilotos, pero sí se sabe que el vuelo se encontró con condiciones de tormenta, las brújulas de Taylor no funcionaban y que su actitud era ilógica, estaba confundido y desorientado. Cuando pasaron por las islas Cross Cay, cerca de las Abaco, Taylor creyó reconocer los Cayos de Florida y se quedó con esa idea, a pesar de que la evidencia demuestra que no eran los Cayos.

No obstante, Gernon opina que Taylor no es el culpable de la desaparición de los aviones, no tenía antecedentes de problemas mentales y era un piloto distinguido de la Armada.

–En una situación normal, lo más sencillo hubiera sido dirigirse al oeste, de regreso a Fort Lauderdale, pero no fue normal y todos los pilotos tuvieron el mismo problema que Taylor. Los controladores que hablaron por radio con el vuelo diecinueve les indicaron que volaran al oeste, pero no entendieron. Ningún piloto usó su equipo ZBX, un instrumento que los hubiera guiado para regresar a la base.

"Estoy convencido de que un piloto perdido, y sobre todo un grupo de pilotos perdidos, que estaba quedándose sin combustible, por instinto buscaría las islas que vio en la última hora y media. Taylor, por el contrario, llevó a la flota de aviones hacia mar abierto y con lluvia; volaron al norte, luego al este, después al oeste y otra vez al este, pero no regresaron a las islas donde pudieron haber amerizado cerca de la orilla.

En lugar de eso, volaron hacia el olvido, hacia la historia.

5

Niebla que envuelve

En febrero de 1996, Bruce Gernon se encontró con niebla electrónica por segunda ocasión en su carrera aérea, que abarcó 30 años; como resultado de ese viaje, descubrió algo asombroso sobre la naturaleza de la niebla electrónica. Hasta ese momento, no entendía cómo él y otros pilotos se habían encontrado con la misma niebla y habían volado durante kilómetros a través de aire turbio, mientras los controladores de tráfico del aeropuerto reportaban condiciones meteorológicas despejadas sin áreas extensas de niebla.

Ese día, Gernon y Lynn, su esposa, salieron de Tavernier, en los Cayos del norte, hacia West Palm Beach. A las 8:00 a.m., él se comunicó con servicios aéreos de Miami para pedir el reporte del clima, que era despejado en el sur de Florida, con una visibilidad aproximada de diez kilómetros y con vientos del este a dieciséis kilómetros por hora.

–Una tormenta eléctrica de mediana intensidad comenzaba a formarse en la Bahía de Florida –recuerda–, así que teníamos que apurarnos para que no nos alcanzara.

Esperaron con paciencia en su avioneta Cessna Centurión a que Carl Burton, vecino y amigo, despegara en su Cessna Skymaster. En ese momento Gernon no lo sabía, pero el viaje de Burton afectaría el suyo. Quince minutos después de que Burton saliera, Gernon tomó la pista y se dio cuenta que una tormenta eléctrica empezaba a acercarse a ellos por el oeste, así que debían despegar y alejarse de ella lo más pronto posible. Una ligera lluvia caía en el parabrisas cuando despegaron de la pista y se elevaron sobre la bahía de Florida.

Cuando se dirigían al norte, hacia los Everglades, a 600 metros, escucharon que Carl Burton decía que se encontraba a 24 kilómetros al norte y que iba a regresar a Tavernier.

–Creí que su vuelo era de práctica y que regresaba rápido porque quería aterrizar antes de que azotara la tormenta. Me comuniqué por radio con Carl para avisarle que yo acababa de despegar y que se fijara en mi posición. Muchas veces había hablado con él mientras volábamos y me di cuenta que estaba tenso; le gustaba platicar conmigo, pero en esa ocasión se escuchaba apagado y habló muy poco.

Justo antes de que Gernon llegara a los Everglades, otro amigo llamó a Burton por radio desde tierra, sabía que iría a Tampa y le preguntó por qué iba a regresar. Burton respondió: –Tengo que volver porque el clima está horrible, parece que todo el estado está cubierto de densa niebla.

Gernon se impresionó, el reporte del clima no indicaba que hubiera niebla, pero sabía que ésta se forma rápido, sobre todo después de la puesta del sol. Conocía dos tipo de niebla: la de radiación, que también se conoce como niebla de tierra, y la de advección o "niebla de mar", que se forma sobre masas de agua. La primera aparece cuando el aire caliente hace contacto con el suelo frío, mientras que la segunda se forma cuando el aire húmedo llega a aguas muy frías; a diferencia de la niebla de tierra, la de mar avanza rápido y surge a cualquier hora del día, por lo general es más extensa y permanece por más tiempo que la de radiación.

–Parecía que nos enfrentábamos a niebla de advección, la cual no desaparecería durante horas. No sabía qué hacer, sólo me quedaban dos horas de combustible y quizá estaba cayendo una fuerte tormenta eléctrica en el aeropuerto de Tavernier. Conforme avanzábamos sobre los Everglades, lo único que veíamos a nuestro alrededor era una densa niebla y empecé a ponerme tenso, me preocupaba que nos quedáramos sin combustible antes de que se disipara la niebla.

Gernon llamó al servicio aéreo de Miami para un nuevo reporte climatológico; dijo que estaba a dieciséis kilómetros al sur de Homestead y estaba volando con niebla, preguntó por las condiciones en Miami y le respondieron que no había niebla y que la visibilidad era de diez kilómetros.

–No podía creer lo que había escuchado y seguía sin saber qué hacer.

Se confundió y desconcertó aún más, por lo que decidió volar sobre el mar con la esperanza de que la niebla desapareciera en el agua. En el aire, Gernon estudió la niebla más de cerca y notó algo extraño, la avioneta avanzaba pero la abertura seguía debajo de ella.

–Conforme descendíamos hacia el mar, me di cuenta que el cilindro que estaba debajo de nosotros comenzó a expandirse y a través de él veía la tierra por la que pasábamos. No podíamos deshacernos de la niebla, se movía con nosotros a 290 kilómetros por hora.

No tenía sentido, ¿por qué había niebla a su alrededor, pero no debajo de ellos? No sabía la respuesta. Pero entonces descubrió otra cosa igual de impactante.

–Observé la abertura que se expandía hacia la tierra y distinguí que una línea clara separaba a la niebla de la tierra; la línea tenía una onda y me concentré en ella. Poco a poco, la abertura se extendió hasta el horizonte, pero la ondulación no desapareció.

Cuatro años después, luego de leer el caso de otro piloto atrapado en un fenómeno climatológico similar, Gernon entendió la verdadera naturaleza de la niebla electrónica.

–Fue entonces cuando por fin entendí que no volábamos *a través* de la niebla; aunque parezca descabellado, la niebla estaba pegada al avión y por eso se movía con él. Nos equivocamos al creer que el sur de Florida estaba cubierto de niebla, el informe climatológico era correcto; la niebla electrónica nos engañó, igual que a nuestro amigo Carl Burton.

Gernon intentó relajarse observando uno de los fenómenos meteorológicos más extraños que jamás hubiera visto. Luego de diez minutos, la ondulación de la línea que había entre la niebla y el cielo azul, empezó a borrarse y la niebla se disipó.

–Aunque la niebla desapareció, a la distancia vi que los restos de la onda rodearon a la avioneta, como un halo, durante el resto del viaje, que duró 25 minutos. La ondulación seguía viéndose en el último trecho y parecía que se quedaría pegada hasta el momento del aterrizaje.

Origen del nombre

Gernon está convencido de que muchos pilotos han caído en la niebla electrónica sin darse cuenta. Cuando un piloto de Nueva Jersey leyó la experiencia que Gernon tuvo en 1970, registrada por primera vez en el libro *Sin rastro,* de Charles Berlitz, lo llamó para contarle que había atravesado una nube similar en un viaje entre los Cayos de Florida y Vero Beach, Florida.

Se encontraba a ocho kilómetros de Fort Lauderdale y el día estaba despejado, cuando de repente el avión entró a una niebla o bruma, era algo que nunca había visto y le recordó a la imagen de la televisión cuando se va el cable.

–Dijo que era como niebla eléctrica. Cuando colgamos, dije para mí que más bien era "niebla electrónica", así inventé el nombre –comentó Gernon.

Perseguidos por la niebla

Un día, mientras arreglaban la tapicería de su avioneta Maule monomotor, Gernon comenzó a platicarle al tapicero, Tony Doubek, de sus experiencias con la niebla electrónica. Para sorpresa de Gernon, éste le respondió con una historia sobre su encuentro con la misteriosa niebla. En el caso de Doubek, el incidente tuvo lugar en el mar cuando él y un amigo estaban pescando una noche en 1992.

Los dos pescadores estaban a ocho o diez kilómetros de la costa del condado Palm Beach, cuando a la 1 a.m. vieron que en la parte noreste del horizonte parpadeaban unas luces, las cuales primero eran muy brillantes y después se volvieron verdes.

–Al principio, creímos que un barco avanzaba hacia donde estábamos –recordó Doubek–, pero cuando se acercó a nosotros, parecía una burbuja de luz.

Cuando estaba a 1.6 kilómetros de distancia, se dieron cuenta que se trataba de un banco de niebla luminoso. No dejaba de avanzar y se pusieron nerviosos, por lo que arrancaron el motor cuando se encontraba a unos metros.

–Parecía un muro verde traslúcido, pero no era tenue como la niebla común y corriente, era plano de arriba y curvo en los costados, medía entre 365 y 455 metros de largo.

Para su sorpresa, la niebla avanzaba al mismo paso que ellos.

–Iba directo hacia nosotros, giré para dirigirme a la playa a una velocidad de 25-30 nudos para alejarme de ella, pero iba pegada a nosotros.

Por fin, cuando estaban a 90 metros de la orilla, empezó a disiparse.

–Nunca hablamos de lo sucedido, era muy raro que una burbuja de niebla verde nos persiguiera durante metros.

Doubek no sabe qué hubiera pasado si la niebla los hubiera atrapado, y no quiso averiguarlo.

–Me dio mucho gusto regresar a tierra.

Espacio sin aire

Las personas que han sobrevivido a la niebla electrónica son quienes hablan de su existencia y en nombre de los muchos otros que entraron en ella y perdieron la vida. Otro sobreviviente es una piloto de nombre Carey Trantham, quien en 1995 se encontró con la niebla en un viaje en los Cayos de Florida. Trantham es la directora de un club de vuelo en la estación aeronaval de Boca Chica, muchas veces ha volado en la avioneta Piper Warrior del club y conoce la ruta.

Ese día en particular, Trantham viajó a Ormond Beach, en el centro de Florida, para visitar a su hija, con quien se encontró en el aeropuerto y fueron a comer y de compras. De regreso a los Cayos, la piloto esquivó algunas nubes; cuando pasó por Tampa-San Petesburgo, el sol ya estaba metiéndose y al acercase a Naples, distinguió las luces de Miami en el este. Las nubes altas impedían que se vieran las estrellas y la luna; entonces, cuando voló sobre los Everglades, una niebla se formó debajo de la avioneta.

"De repente, sentí como si alguien hubiera tapado la avioneta con una cobija", escribió la piloto en un artículo que se publicó en la edición de abril de 2003 de *AOPA Pilot*, una revista de aeronáutica para la aviación en general. El horizonte desapareció y se asustó, no sabía si iba derecha o de cabeza.

Cuando consultó los instrumentos, aumentó su confusión, la brújula estaba girando y la luz de la cabina iba y venía.

–El indicador de la altitud comenzó a girar y escuchaba un fuerte zumbido en los audífonos.

Recordó una conversación que tuvo con el piloto de un jet en el club de vuelo de la Armada, quien le había contado que había un espacio sin aire en un área del Golfo, entre los Cayos y la zona continental. Se le vino a la mente un documental que había visto sobre el Triángulo de las Bermudas y que hablaba de aviones y embarcaciones desaparecidas, instrumentos que se descomponen y anomalías electromagnéticas; no pudo evitar preguntarse si ella sería la siguiente víctima.

Intentó comunicarse por radio con Miami, pero no obtuvo respuesta. Aterrada, luchó contra el pánico y cambió de frecuencia, se sintió aliviada cuando escuchó la voz de un controlador aéreo. Veinte minutos después, se dio cuenta que había escapado de la niebla porque vio luces en el horizonte y le informaron que estaba en Marathon; siguió la cadena de cayos y aterrizó sana y salva en la estación aeronaval.

–Descubrí que tenía mucha suerte porque estuve muy cerca de la "espiral de la muerte" y de convertirme en otro avión perdido en el Triángulo de las Bermudas. No pregunto por qué sobreviví, la razón que haya sido, fue un milagro porque tenía todo en contra.

Un caso clásico

Uno de los encuentros con niebla electrónica mejor documentados sucedió el 11 de junio de 1986, cuando una avioneta Catalina PBY-6A despegó de Bermuda con destino a

Jacksonville. A bordo de la Catalina iban varios pilotos experimentados, entre ellos el capitán Art Ward, piloto de la Armada de Estados Unidos e instructor de vuelo por instrumentos; Randy Sohn, piloto de jets para Northwest Airlines; el mayor general Malcolm Ryan, piloto de prueba y jefe de combate; también iba Connie Edwards, dueño de la avioneta, su esposa Karen, el escritor Martin Caiden y su esposa Dee Dee, los cuatro eran pilotos experimentados. Caiden, autor de más de cien libros, entre los que se encuentran muchos sobre aviación, escribió lo que sucedió en el vuelo.

La Catalina, que Caiden describió como un trasatlántico con alas, estaba equipada con los sistemas de navegación más modernos, entre ellos dos localizadores, un altímetro con radar y múltiples radios; estos equipos de navegación les informarían si se alejaban unos metros del curso planeado y estaban conectados a un satélite climatológico, que les permitía imprimir fotografías tomadas en el espacio y que les indicaban dónde volaban en ese momento.

Cuando despegaron, el clima estaba despejado y en calma y esperaban que fuera un vuelo sin contratiempos. Caiden estaba parado entre los dos pilotos de la avioneta viendo a los delfines por la ventana lateral, cuando volvió la mirada hacia el lado izquierdo del avión, vio el ala, pero al siguiente minuto ésta había desaparecido porque la cubría una espesa nube amarilla, o niebla, que se había elevado 1 200 metros y había envuelto a la avioneta.

–De repente, ni un golpe, ni un temblor, nada que indicara que las cosas fueran diferentes, el mundo exterior desapareció –recordó Caiden–. Nada había cambiado, pero ahora el avión estaba atravesando una enorme masa amarilla.

De manera abrupta, se enfrentaron a una situación de condiciones meteorológicas de vuelo por instrumentos (IMC, por sus siglas en inglés), pero cuando el piloto consultó los instrumentos quedó impresionado porque los indicadores estaban fallando; el sistema de radionavegación de larga distancia (loran, por sus siglas en inglés), no servía, no había información; la aguja de la brújula magnética se mecía hacia delante y hacia atrás y después empezó a girar hacia todos lados; el instrumento giroscópico que creaba horizontes artificiales no funcionaba; hasta los indicadores electrónicos de combustible se descompusieron.

–El equipo de navegación parpadeó un par de veces y marcó 8888888, además nos quedamos sin radio.

A pesar de la niebla, les sorprendió que a través del túnel que envolvía a la avioneta pudieran ver un pequeño pedazo del cielo azul, y que hacia abajo pudieran distinguir el mar. Siguieron volando en lo que deseaban fuera el oeste, en dirección al área azul claro que estaba sobre el horizonte; el único instrumento que trabajaba era un indicador que "funcionaba como una foca con una pelota en la nariz, sin ayuda de nada ni de nadie".

Volaron en la niebla por más de tres horas, durante ese tiempo descendieron hasta seis o nueve metros y descubrieron que la niebla no se despegaba de ellos; se elevaron hasta 24 000 metros y pasó lo mismo. De repente, a 90 minutos de Jacksonville, salieron del cielo amarillo y se encontraron con el transparente aire, voltearon hacia atrás y no había rastro de la niebla; así que dieron la vuelta para ver mejor.

–El cielo era totalmente azul, ya no estaba lo que nos había envuelto.

El equipo electrónico volvió a funcionar; como los radios ya servían, se comunicaron con la estación aeronaval de Jacksonville y aterrizaron sin problemas. Sobrevivieron al encuentro con la niebla electrónica sólo porque eran pilotos con experiencia y se turnaron para manejar la avioneta.

En su conclusión de lo sucedido en el vuelo, Caiden describe la niebla electrónica, pero sin usar ese término.

–La única explicación que tiene sentido es que la Catalina fuera envuelta, o atacada, por un intenso campo electromagnético que descompuso los instrumentos y "desconectó" al equipo electrónico. Cualquier piloto con poca experiencia en vuelos por instrumentos que hubiera quedado atrapado en esa "sopa", y sin ninguna referencia exterior, habría perdido el control y se habría estrellado en el mar.

A Gernon le impresionaron las similitudes que hubo entre sus experiencias con la niebla electrónica y el vuelo de la Catalina. En su primer viaje, el equipo electrónico no funcionaba, e igual que Caiden, cuando salió de la niebla y volteó para verla, ya no estaba; en su segunda experiencia, también distinguió la abertura que había en la niebla justo debajo del avión. Después de leer el relato de Caiden, Gernon llegó a la conclusión de que la niebla electrónica se adhiere a los aviones y crea la ilusión de que es infinita, aunque descubrió que en realidad se trata de una niebla localizada que sólo mide 40 metros y se pega a las aeronaves.

Parte 2

Más allá de la niebla

6
Tras la pista del Triángulo

Para obtener información sobre los misteriosos sucesos en el Triángulo de las Bermudas en años recientes, sólo hay que ir a la tienda de la esquina, pues los tabloides no han dejado que la flama se extinga. Las publicaciones que se venden en las tiendas de autoservicio, más famosas por inventar historias que por decir la verdad, reconocen que el Triángulo de las Bermudas es una buena nota, una que los lectores no olvidan.

Para muestra un botón, éstos son artículos que se publicaron en el *Weekly World News*. El 6 de noviembre de 2001, un mes después de que el edificio de la editorial se convirtiera en el primer objetivo del ataque con ántrax, el tabloide publicó tres historias del Triángulo del Diablo, otro nombre de la misteriosa región.

Una de las narraciones habla de una niña alemana que nació en un crucero que pasaba por el Triángulo de las Bermudas y que ahora posee extraordinarios poderes síquicos; según el psicoterapeuta Dr. Gunter Beil, la pequeña Mina, de cinco años, mueve objetos con la mente y lee los pensamientos de la gente que la rodea. La familia relaciona las habilidades de la niña con el lugar de su nacimiento. Supuestamente, llegó al mundo durante un periodo de 45 minutos en el que todos los pasajeros del barco se sintieron desorientados, distraídos y nerviosos. La interpretación es que las misteriosas influencias intervinieron en el momento en que nació Mina. Es obvio que el simple hecho de que un bebé nazca en alta mar provoque que los pasajeros se sientan distraídos, nerviosos y desorientados; sin embargo las otras dos historias del *Weekly World News* son más extrañas.

Espíritus en el mar

Ésta es la historia de Shannon Bracy, enfermera de 42 años de Nueva Zelanda, que se supone se encontró frente a frente con los espíritus de los pilotos y de los marinos que deambulan en el limbo del Triángulo del Diablo. Durante la última etapa de su viaje en barco desde Christchurch, Nueva Zelanda, hasta las Bermudas, un día, a las 12:00 p.m., Shannon estaba escribiendo su posición en la bitácora, cuando de repente vio que una niebla envolvía a la embarcación; minutos después todo era blanco.

–De repente, ya no estaba en el barco, sino en un vacío escalofriante y desolado. Entonces, aparecieron los espíritus, eran hombres, unos vestían de marineros y otros uniformes de pilotos; vi más hombres y mujeres, incluso niños pequeños. Todos eran seres sin vida, que vagaban sin rumbo fijo y con una expresión de dolor y tristeza en el rostro.

Pidió ayuda a gritos, rogándole a Dios que la salvara, y entonces se dio cuenta que estaba de regreso en la cabina de su barco, pero era casi media noche y habían pasado doce horas.

–La gente me dice que sólo fue una pesadilla, pero no lo creo –dijo Shannon en su historia, que se publicó por primera vez en la revista australiana *World Adventures Magazine*.

El capitán que no estaba muerto

Y ésta es la aún más peculiar historia de Barney Spooner, el capitán del barco pesquero *Matilda II*. Después de que aparentemente Spooner sufriera un ataque al corazón y muriera, su esposa y sus hijos decidieron cumplir su añorado deseo de ser enterrado en el mar; lo envolvieron en una sábana, amarraron un ancla a su cuerpo y lo tiraron al agua. Pero según el relato, en un acto que habría provocado la envidia de Houdini, Spooner apareció vivo tres días después. Su familia y la tripulación del *Matilda II* lo vieron flotando cerca del barco y uno de sus hijos lo ayudó a subir a una lancha.

–Estábamos seguros que papá había muerto –dijo Johathan, de dieciocho años–, cayó de rodillas y eso fue todo. No tenía pulso, el corazón no le latía y no respiraba.

Spooner relató que despertó en un mundo misterioso y extraño.

–Los vi a todos... los aviones y los barcos que han desaparecido en el Triángulo del Diablo. Vi los barcos *Cyclops*, *Marine Sulphur Queen*, *Raifuku Maru* y *Witchcraft*; también vi a los cinco Avenger de la Armada, al *Star Tiger* y muchos más. Estaban por todas partes... Y vi los rostros de las personas que desaparecieron, pasaban junto a mí como en cámara lenta, sus caras no tenía expresión, simplemente eran imágenes congeladas en el tiempo.

En las últimas dos historias se habla de un reino en el que el Triángulo de las Bermudas se convierte en el equivalente al mundo de los muertos de la mitología, una morada de almas perdidas que vagan tristes y que son meros reflejos pálidos de las personas que alguna vez fueron. La corriente del Golfo fluye a través del Triángulo de las Bermudas, el Aqueronte, el río de la aflicción, y el Cocito, el río de la lamentación, fluyen a través del mundo de los muertos, según la mitología griega. Aunque los eruditos discuten la analogía que existe entre el área del mundo físico y la del etéreo de la mitología, el Triángulo de las Bermudas es real y místico. Es una región donde suceden cosas extraordinarias, es una leyenda urbana, y es un estereotipo, un modelo de nuestro inconsciente colectivo con vida propia. En este sentido, *The Weekly World News* hizo la observación de que los artículos sobre el Triángulo de las Bermudas se publicaron en respuesta a las peticiones de los lectores que querían saber más de la misteriosa región.

El paralelogramo de Putnam

Una de las historias más extrañas con relación al Triángulo de las Bermudas apareció en Internet en 2002, se llamó "El paralelogramo de Putnam: la respuesta de Iowa al Triángulo de las Bermudas" y su autor es el Dr. Leonid Rosenweitz.

El artículo se refiere a una parte del área rural del condado Fayette que se llama paralelogramo de Putman, cerca del pueblo del mismo nombre. De acuerdo con Rosenweitz: "Esta región ocupa un lugar inquietante y casi increíble en el catálogo de misterios inexplicables de Iowa. Desde 1945 han desaparecido, literalmente, más de 80 tractores, autos, camionetas y avionetas; en los últimos 26 años se han perdido más de 700 vidas, sin que se encuentre un solo cadáver ni escombros".

No se moleste en buscar Putman, Iowa, en el mapa, ni en investigar sobre el misterioso paralelogramo, la historia es una broma y originalmente era la idea para una película; sin embargo, tomó vida propia en Internet, llamando por un momento la atención de más de un investigador de fenómenos paranormales. La noticia se extendió a otros sitios en la red y más tarde se descubrió que se trataba de un círculo de cultivo falso.

El cristal del Dr. Brown

El siguiente es el caso del Dr. Ray Brown y su bola de cristal. Supuestamente, en 1970 Brown descubrió una pirámide que no sólo se encontraba en magníficas condiciones, sino que estaba iluminada por dentro. A lo largo de los años, la inverosímil historia ha aparecido muchas veces en revistas y libros que hablan de la Atlántida o de misterios de lo desconocido; hoy en día, en Internet se encuentra una versión actualizada de la narración, con la cual hizo su aparición en el siglo XXI.

Mientras buceaba cerca de las islas Berry, en las Bahamas, Brown asegura que encontró una pirámide con un acabado en piedra suave y reluciente, como de espejo; entró nadando por una puerta abierta y descubrió que en el interior no había coral ni algas, sino que estaba iluminada por una fuente de luz cuyo origen era desconocido. En el centro estaba la escultura de un par de manos humanas que sostenía una esfera de cristal de diez centímetros y un bastón de latón, en cuyo extremo estaba suspendida una gema roja.

Brown dice que arrancó la esfera de cristal y se la trajo; se supone que ésta tiene poderes misteriosos, que está rodeada de aire caliente y frío, y que se siente una brisa cuando uno se acerca a ella; otros testigos han visto luces, escuchado voces o tenido sensación de hormigueo cuando la ven.

La historia de Brown parece más un sueño o una fantasía que realidad, pues sólo en esos reinos puede encontrarse una pirámide de más de 12 000 años de antigüedad en perfectas condiciones, en la profundidad de las aguas del Caribe; no obstante, el relato ha cobrado vida propia.

El Dr. Cornelius van Dorp dice que conoció a Ray Brown y que cuando tomó la bola de cristal entre sus manos, en su interior distinguió pirámides cubiertas de humo. En su narración autobiográfica, *En busca de la serpiente emplumada*, van Dorp habla de su aventura como médico en la Antártica y de su travesía por América Latina, y de cómo antes de iniciarla, siguió una pista que lo condujo a la bola de cristal de Brown.

Descubrió que éste había muerto un año antes y que el dueño actual de la esfera era un hombre llamado Merlín. Al principio, cuando conoció a Merlín en Cornville, Arizona, no creyó que se tratara de la misma bola de cristal, pero reconoció las pirámides rodeadas de humo que aparecen en su interior, y así descubrió que había vuelto a encontrar el misterioso cristal.

Entonces, si le creemos a van Dorp, un hombre que se llama Merlín, que vive en Cornville, Arizona, es el dueño de un objeto de la Atlántida que se recuperó en el Triángulo de las Bermudas. Aunque, claro, esta evidencia no impresiona a los científicos porque el objeto ya no está en su lugar de origen.

Tripulación desaparecida

Compare esas historias con la siguiente narración, que de manera sorprendente se publicó el 16 de julio de 1997 en el

London Times, un periódico que no acostumbra editar aventuras especulativas.

A principios de julio de ese año, la fragata *HMS London* de la Armada Real británica se encontró con un barco abandonado a 445 kilómetros de Bermudas.

–Se veía muy extraño –dijo el comandante del *HMS London* Ian Greenlees–, no tenía velas, pero había amarras en el costado. Como no obtuvimos respuesta, enviamos un equipo para que investigara.

Los oficiales subieron a bordo del queche alemán llamado *Ruth* y encontraron ropa en una litera, un cenicero lleno de colillas y ceniza, y un libro abierto. Pero antes de ver que en el refrigerador había comida echada a perder, se comunicaron con las autoridades de España, quienes informaron a Greenlees que a los dueños de la embarcación, el alemán Ralf Shilling y su esposa, se les vio por última vez zarpando de las islas Canarias hacia el oeste, en septiembre de 1996.

La tripulación limpió el barco, que aparentemente llevaba diez meses a la deriva, e hicieron algunas reparaciones menores para que la embarcación estuviera en condiciones de navegar; cuando terminaron los arreglos, la tripulación de la Armada Real se dirigió a Puerto Rico.

Pero no pasó mucho tiempo antes de que el Triángulo de las Bermudas desconcertara a la nueva tripulación, quien se encontró con enormes tormentas y cuyo equipo de navegación y motor dejaron de funcionar. Los marinos no se rindieron y usaron las velas; entonces, de acuerdo con el artículo del *Times*: "Una vez que salieron del Triángulo de las Bermudas, los sistemas volvieron a funcionar y el barco llegó sano y salvo a Puerto Rico el 12 de julio para reunirse con el *HMS London*".

Pero la historia no termina aquí. A finales de ese mes, los periodistas descubrieron que los Shilling vivían en Düsseldorf, Alemania; según ellos, en la primera parte de su viaje a las islas

Canarias visitaron a unos amigos y después se dieron cuenta que su queche había desaparecido de la marina.

Aunque es posible que las amarras de la embarcación se soltaran y ésta navegara durante diez meses en las aguas del Atlántico, resulta inverosímil que el queche evitara tormentas y mareas altas que con seguridad habrían volteado el cenicero y desordenado las cosas que había en la cabina.

Tal vez se robaron el barco; y si fue así, ¿qué pasó con los ladrones?

¿Todas las historias son bromas y mentiras?

¿Qué debemos pensar de estas historias? ¿Son simples bromas de los escritores que anteponen una buena nota a una real? Puede ser, sobre todo en el caso de algunas publicaciones. Aunque es fácil considerar que todas esas extrañas anécdotas son mentira, después de leerlas en el *Weekly World News*, Bruce Gernon aceptó que ese mismo tabloide publicó una nota que hablaba de su experiencia; aunque nadie de ese periódico lo entrevistó, la historia era bastante exacta, la misma que durante tres décadas él le ha contado a todas las personas que quieren escucharla.

El punto es que a pesar de las bromas, a pesar de los escépticos que en automático rechazan las notas misteriosas, en el Triángulo de las Bermudas a veces pasan cosas que no tienen explicación. Por lo general, los incidentes suceden tan rápido, que no hay tiempo para hacer una llamada de auxilio; por lo tanto, no hay nada que explicar. Los aviones simplemente desaparecen del radar y los barcos son devorados por las olas, casi siempre con buenas condiciones climáticas.

Como bien dice Hans C. Graber, oceanógrafo de la Universidad de Miami:

–La ciencia puede explicar algunas de las cosas que pasan en el Triángulo de las Bermudas, pero siempre habrá misterios y eventos extraños que ni ella entienda.

7

La atracción electromagnética de los OVNIS

Según la leyenda, el Triángulo de las Bermudas es el portal de naves espaciales extraterrestres que llegan de quién sabe dónde; es un base submarina, el hogar lejos del hogar de las naves y sus misteriosos ocupantes alienígenas; es un sito donde OVNIS sacan a los barcos del planeta o desintegran a los aviones que vuelan muy cerca de ellos. En el fondo de las leyendas siempre reside un ápice de verdad; pero en el caso del Triángulo de las Bermudas, la verdad podría ser más extraña que el mito.

En enero de 1971, justo un mes después de que Bruce Gernon atravesara el túnel de una nube y la niebla electrónica, en otro vuelo por el Caribe se topó con un objeto misterioso, un encuentro cercano que casi terminó en tragedia.

Gernon recuerda que era una noche muy clara, tranquila, transparente, una noche perfecta para volar.

–Mi novia nunca había volado en una avioneta de noche y decidió acompañarme. Eran las 9:00 p.m. cuando despegamos de Palm Beach y nos dirigimos al sur, por la Costa Dorada de Florida.

"Me elevé para tener una mejor vista de las luces de la ciudad; llegué hasta los tres mil metros antes de nivelar la avioneta y acelerar un poco para alcanzar una baja velocidad de crucero. Cuando estábamos exactamente sobre el Aeropuerto Internacional de Miami, nos dirigimos al este disfrutando del espectacular laberinto de luces. Atravesamos Miami Beach y seguimos al este sobre el Océano Atlántico, mientras nos alejábamos de las luces de la ciudad. A unos kilómetros de la costa, la oscuridad del mar parecía un enorme abismo negro.

Gernon se aproximaba a la misma área donde había salido del vórtice del túnel, cuando en el sureste distinguió una luz anaranjada del tamaño de un planeta; estaba justo sobre el horizonte y se movía despacio. De repente, él y su acompañante observaron asombrados que la luz anaranjada se hacía más grande, había adquirido forma de disco, e iba directo a ellos a una velocidad increíble.

–Diez segundos después estaba encima de nosotros y era enorme; el disco tenía 91 metros de ancho y 30 metros de espesor; era de color ámbar intenso y cubrió todo el parabrisas de la avioneta; parecía metálico, como tres veces el tamaño de un Boeing 747, y creí que nos iba a derribar –antes del impacto, Gernon viró bruscamente a la izquierda, girando todo el timón–. La verdad, pensé que no iba a poder evitar la colisión porque estaba muy cerca del objeto.

Pero después de dar la vuelta, volvió la vista hacia atrás esperando ver que el OVNI avanzara en dirección oeste; pero, para su sorpresa, ya no estaba, había desaparecido. Aunque Gernon acepta que pudo haberse elevado y disiparse en el cielo.

–Estábamos agradecidos de estar vivos.

Impresionados por la experiencia, regresaron al aeropuerto de Palm Beach sin mayores incidentes.

Imágenes

Como mantequilla en el pan, las imágenes de OVNIS aparecen esparcidas en la saga del Triángulo de las Bermudas. En su muy famoso libro, *El Triángulo de las Bermudas*, Charles Berlitz escribió en 1974 que: "ningún investigador de eventos en el Triángulo de las Bermudas evita encontrarse con reportes sobre OVNIS (objetos voladores no identificados)". Uno de los aspectos controversiales de la leyenda del Triángulo tiene que ver con el tema de que si las embarcaciones y las aeronaves perdidas desaparecen en las profundidades del Atlántico o en el aire.

Berlitz y otros escritores de libros sobre el Triángulo de las Bermudas de esa época, sugirieron que los OVNIS podrían ser los responsables de muchas de las misteriosas desapariciones de barcos. Berlitz citó a M. K. Jessup, autor de *El caso de los OVNIS*, quien escribió que algunas de las famosas desapariciones de embarcaciones "sólo tienen una explicación, *que se elevan...* En las alturas hay algo que tiene mucho poder y que actúa de manera imprevista..."

Como es arriba, es abajo. Berlitz escribió que se han visto OVNIS no sólo en el cielo, sino también abajo del agua, lo que sugiere la idea de que hay una base submarina en el Triángulo de las Bermudas. Supuestamente, testigos como el capitán Dan Delmonico, quien en 1973 reportó haber visto dos OVNIS en el fondo del mar, afirman que las embarcaciones que se encontraron bajo el agua no eran submarinos. Todo esto pasó a formar parte de la intriga y de la leyenda.

No obstante, después de leer los cientos de reportes de OVNIS submarinos que integran el sitio web waterufo.net, se descubrió que desde 1970 ya no se han registrado apariciones de OVNIS en el Caribe. Si alguna vez existió una base submarina de OVNIS en el Triángulo de las Bermudas, tal vez cambió de ubicación y se trasladó al Atlántico Norte o a la costa de Italia, dos áreas en las que se dice se han visto muchos OVNIS bajo el agua.

Aunque Gernon prefiere guardar su distancia de aquellas personas que con ansias estudian OVNIS o que afirman haber sido secuestradas por extraterrestres, admite que ha visto OVNIS en unas 20 ocasiones, algunas de ellas mientras viajaba por aire y otras estando en tierra firme.

El 30 de diciembre de 1974, Gernon, su esposa Lynn, y otros pasajeros de un vuelo comercial observaron durante varios minutos un OVNI grande de color ámbar.

–Estábamos por descender en el Aeropuerto Internacional de Palm Beach, nos encontrábamos a 80 kilómetros al norte, sobre la ciudad de Stuart; estábamos a 1 800 metros y a cinco kilómetros tierra adentro cuando vimos el OVNI –recordó–. A las 7:25 p.m., yo estaba viendo hacia el mar cuando apareció un objeto enorme en forma de disco a una altitud de 900 metros, a cierta distancia de la costa y volaba hacia el sur. Se parecía al OVNI con el que casi choqué cuatro años atrás, era del mismo color y brillaba, lo que le daba una apariencia metálica; me di cuenta que en la parte superior tenía un bulto, como un capuchón, similar a una cabina de mando.

Gernon tomó varias fotografías de la nave, que al principio se movía más despacio que el avión. Antes de que desapareciera, tomó varias fotos del objeto en movimiento; aunque se ve lejos y un poco borrosa en el cielo oscuro, se distingue que es una nave ovalada con un capuchón encima.

Se dio cuenta que no había tormentas eléctricas en el área y que la visibilidad era de dieciséis kilómetros con zonas en las que había nubes cúmulus de 600 y 1 200 metros.

–Dejamos de verlo cuando llegó a las nubes, pero a través de ellas seguíamos distinguiendo el resplandor ámbar.

A la noche siguiente, con el presentimiento de que aparecería otro OVNI, Lynn y Gernon fueron a la playa acompañados de binoculares con teleobjetivos; en esa ocasión, vieron un grupo de OVNIS en Delray Beach. Cuando Gernon identificó un OVNI, el clima era despejado, sin nubes, y la visibilidad de dieciséis kilómetros.

Lo observaron durante diez segundos hasta que desapareció. Justo en el momento en que se perdió de vista en el sur, surgió otro en el norte, idéntico al primero; una vez más, el OVNI viajó de norte a sur a una velocidad increíble. Después vieron un tercero, y como si siguieran la misma ruta de vuelo, apareció un cuarto y un quinto objetos en forma de disco. Gracias al teleobjetivo de los binoculares, Gernon vio que eran del mismo color y forma del que él había visto la noche anterior.

El último voló más cerca de la playa, parecía que estaba a dieciséis kilómetros de la costa y viajaba a la misma velocidad que los demás.

–Cuando estaba cerca de nosotros, hizo una maniobra impresionante, dio una vuelta de 90° a alta velocidad sin desviarse de su ruta de vuelo. Se fue en dirección oeste a una altitud aproximada de 600 metros, y segundos después pasó a 800 metros de donde estábamos; cuando llegó a la península, una luz azul parpadeó varias veces y después desapareció.

A pesar de que casi se estrella con un OVNI y de que ha visto muchos más, Gernon cree que no son vehículos físicos de otro planeta; sino que podría tratarse de una condición atmosférica desconocida posiblemente relacionada con la energía electromagnética.

–Es difícil creer que el OVNI con el que casi me estrello diera una vuelta tan brusca y que en su interior viajaran seres vivos; la fuerza de gravedad hubiera acabado con cualquier criatura viva.

Aunque acepta que el vehículo podría viajar "sin tripulación" y sin ningún control, tiene otra explicación:

–Estoy convencido de que los supuestos platillos voladores que he visto no eran controlados por extraterrestres. La gente que se ha encontrado con alienígenas cree que los ha visto, pero a mí me parece que más bien se trata de cierta imagen mental que tenemos de los extraterrestres del espacio exterior y que afecta al inconsciente de algunas personas, por eso piensan que sus experiencias fueron reales. La verdad, bien podrían ser sueños vívidos o alucinaciones.

OVNIS Y EM

Parece que los OVNIS y la energía electromagnética (EM) van de la mano. Una teoría es que su sistema de propulsión funciona con EM y por eso las personas que han experimentado encuentros cercanos se ven físicamente afectadas por la energía que rodea a la nave. Pero ¿lo opuesto podría ser cierto? En otras palabras, ¿podría ser que los campos de EM generen a los OVNIS y no que éstos liberen energía electromagnética?

Por extraño que parezca, es una teoría que está llamando la atención de investigadores serios. El investigador Albert Budden, quien ha estudiado los efectos que la energía electromagnética produce en los seres humanos, lleva la idea de Gernon más allá; cree que los encuentros con OVNIS, e incluso las experiencias de secuestros cometidos por extraterrestres, están relacionados con la exposición a la energía electromagnética.

A pesar de que su investigación no abarca al fenómeno del Triángulo de las Bermudas, con la descripción que hace de la "neblina eléctrica" comprueba la existencia de la niebla electrónica. Dice que la neblina es un fenómeno atmosférico desconocido que se crea cuando el agua libera energía electromagnética.

Su teoría también es una posible explicación de por qué se ven OVNIS en el Triángulo de las Bermudas y en otros lugares. En su libro, *OVNIS eléctricos*, Budden afirma que la neblina eléctrica afecta a la gente de diferentes maneras. Las personas que son en particular sensibles a la EM se desorientan y son propensas a sufrir alucinaciones, entre las que ven OVNIS y son secuestrados por extraterrestres.

Aunque la mayoría de los investigadores no acepta la propuesta de Budden, que más bien parece una versión actualizada de la antigua teoría de que los OVNIS son gases que se desprenden de los pantanos o de Venus, los experimentos realizados por el canadiense Dr. Michael Persinger, especialista en neurología, apoyan algunas de las opiniones de Budden. Gracias a las más de 700 pruebas de laboratorio que ha realizado con voluntarios, Persinger ha comprobado que los campos de EM estimulan el lóbulo temporal del cerebro, crean un estado de conciencia alterado y provocan alucinaciones.

Persinger publicó un trabajo titulado "La teoría de la tensión tectónica como explicación del fenómeno OVNI", en el que sostiene que cuando hay un temblor de tierra, los cambios en el campo de EM proyectan luces misteriosas en el cielo. Si la persona que las observa es susceptible a la energía electromagnética, es muy fácil que confunda la imagen luminosa con un OVNI.

Entonces, si se aplica esta teoría al Triángulo de las Bermudas, la aparición de la niebla misteriosa que envuelve a los aviones y provoca la falla del equipo electrónico, es un fenómeno generado por la liberación de energía electromagnética. Pero, según Persinger, la EM también produce visiones y alucinaciones, entre ellas OVNIS. Estos incidentes no suceden todos los días, ni siquiera en el Triángulo de las Bermudas, y la razón podría ser que tienen lugar, como lo sugiere Persinger, sólo cuando las placas tectónicas se acomodan.

Las placas tectónicas flotan sobre el centro líquido de la tierra, que es casi tan caliente como el sol, y cambian de posición como resultado del flujo constante de magma. El movimiento de las placas provoca temblores de tierra y la liberación de energía electromagnética. Fuertes tormentas solares alteran el proceso cuando las erupciones solares bombardean a la tierra con nubes cargadas de partículas que contienen poderosos campos electromagnéticos.

Es bien sabido que estas alteraciones geomagnéticas provocadas por el movimiento de las placas tectónicas y las tormentas solares afectan a los sistemas electromecánicos, como se ha descubierto en los páneles de instrumentos de los aviones. Como el cerebro es un procesador biológico electromagnético, hay razones de sobra para creer que esas alteraciones también afectan a los sistemas electrobiológicos; en otras palabras, a los humanos y a los animales. Los cambios en los campos magnéticos producen alteraciones no sólo en nuestros estados de ánimo y comportamiento, sino también en nuestra percepción. Persinger aplica este concepto y sugiere que los OVNIS son alucinaciones que tienen las personas sensibles a los campos de energía.

Aunque existe cierta atracción hacia la simplificación de las cosas y por lo tanto a la reducción de los OVNIS a alucinaciones, el tema de los OVNIS pide a gritos una interpretación más amplia. Es muy probable que algunos OVNIS sean producto de alucinaciones, pero otros pueden ser reales. En el último caso, los campos de EM podrían facilitar la aparición de naves interdimensionales que de otra forma serían invisibles; por eso pareciera que las naves que se están entre dimensiones hacen movimientos erráticos e "imposibles", así como desapariciones y reapariciones repentinas.

Esto nos lleva al tema del viaje en el tiempo y su relación con los campos electromagnéticos. ¿Los incidentes en el Triángulo de las Bermudas en los que los pilotos experimentan distorsiones del tiempo y confusión, son provocados por la EM? ¿O poderosos campos de energía provocan alteraciones reales del tiempo? Lo analizaremos en el siguiente capítulo.

[illegible]

8

A través del espejo

El meteorólogo escuchaba con atención y asentía con la cabeza mientras el piloto describía la experiencia que vivió al volar por el centro de una tormenta que se formó cerca de la isla de Andros. Aunque parecía fascinado por la historia, para él todo era lógico: la falla del equipo electrónico, la ingravidez, la huida por el túnel de la nube de tormenta, incluso la misteriosa niebla que no apareció en el radar; tenía una explicación para todo ello.

Pero entonces, cuando Bruce Gernon le contó lo que sucedió después, el meteorólogo dejó de asentir; para ello no había explicaciones meteorológicas.

–Lo impresionante fue que no salimos de la tormenta a 145 kilómetros de Miami, como deberíamos, sino directamente sobre Miami Beach. No sé cómo, pero nos comimos 145 kilómetros de espacio.

El meteorólogo mencionó algo sobre la posibilidad de una mala interpretación de la información, e inquieto acomodó unos papeles en su escritorio. Era obvio que Gernon lo había impresionado; después de todo, los viajes en el tiempo son ciencia ficción y no un estado atmosférico, pues están tan relacionados con la meteorología como los meteoros.

Para la mayoría de la gente, científicos y no científicos, los viajes en el tiempo sólo son un concepto, no una realidad, ni siquiera factible. Éstas son las paradojas que argumentan: ¿Si los viajes en el tiempo son hechos científicos, entonces dónde están los viajeros en el tiempo? Y si pudieras regresar al pasado, antes de tu nacimiento, y mataras a tu madre, ¿cómo existirías?

Preguntas difíciles, pero éstas son las posibles respuestas: Tal vez los viajeros en el tiempo están aquí y no sabemos de su existencia porque no se dan a conocer, o porque no los reconocemos por lo que son. ¿Los OVNIS son naves del futuro? A pesar de la paradoja, la ciencia tiene una respuesta y se llama la teoría de los muchos mundos de la física cuántica. La idea es que el mundo está en constante división y duplicación, con ligeras variaciones, por lo que continuamente se crean universos alternos. Si una persona regresa en el tiempo, su aparición altera ese mundo, ya no es el mismo universo del que salió porque en ése no regresó en el tiempo. Entonces, según este escenario, existen miles y miles de millones de universos en el mismo espacio.

Pero el hecho de que se resuelva una paradoja no significa que los viajes en el tiempo existan. ¿Qué hizo Gernon para viajar en el tiempo? ¿Qué provocó que se adelantara 30 minutos?

Una posible respuesta es que la exposición a fuertes niveles de energía electromagnética provocara una distorsión del tiempo. Pero antes de profundizar más en cómo sucedió, veamos el caso de un piloto a quien no le son desconocidas las alteraciones del tiempo.

Dos distorsiones del tiempo

Tal vez John R. Hawke sea el único piloto que ha vivido no una, sino dos veces, la experiencia de la distorsión del tiempo. Fue miembro de la real Fuerza Aérea durante muchos años y voló por todos los mares del mundo; también fue instructor de acrobacias aéreas en el avión de combate supersónico *English Electric Lighting*; como era un hombre alto y atlético, fue campeón de boxeo de peso pesado de la Real Fuerza Aérea.

Hawke sabía pilotar cualquier aeronave, participó en bastantes espectáculos aéreos con el piloto-escritor Martin Caiden, y se volvieron muy buenos amigos. En su libro *Fantasmas del aire*, éste mencionó los dos incidentes en los que Hawke experimentó la distorsión del tiempo. Caiden no especifica las fechas, no se sabe si fue porque su amigo nunca se las dijo o porque no eran tan importantes como los detalles de los aviones y de los vuelos; pero según otras referencias, parece que los hechos tuvieron lugar en la década de los años 60. Ambos pilotos están muertos y no hay manera de comprobar las historias. Si Caiden alguna vez dudó de la veracidad de los recuerdos de Hawke, no lo demostró en sus comentarios.

La primera distorsión del tiempo sucedió cuando Hawke viajaba en una Riley Dove de Miami a las Bermudas. Cuando iba a la mitad del camino, lo envolvió una vítrea neblina amarilla que le impedía ver el mar y el horizonte. Quizá era parecida a la niebla electrónica con la que se encontró Gernon. Hawke era un piloto hábil y estaba seguro que podría seguir volando en la dirección correcta a las Bermudas usando los instrumentos de navegación; no obstante, después de volar en la neblina durante tres horas, el tiempo estimado de vuelo hacia su destino, aún seguía envuelto en ella y sin ver ni agua ni tierra.

Hawke no se dio por vencido y voló durante otras cinco horas, hasta que por fin salió de la niebla. Cuando su ojos se acostumbraron a la repentina luz, le sorprendió darse cuenta que las Bermudas estaban justo frente a él; se comunicó con la torre de control del aeropuerto y aterrizó como si nada, aunque cinco horas después de lo esperado. Pero eso no fue todo.

Después de aterrizar, Hawke iba a llenar los tanques del avión que debían estar casi vacíos después de un vuelo tan largo. Pero para su sorpresa, descubrió que había llegado a tierra con casi 380 litros de combustible, cantidad que originalmente había calculado que quedaría en los tanques; sin embargo, voló cinco horas más de las planeadas y la gasolina de reserva debió consumirse.

En su caso, Gernon terminó su viaje con 38 litros de combustible; Hawke llegó cinco horas después y Gernon aterrizó media hora antes. ¿Acaso Gernon viajó al futuro próximo y Hawke al pasado?

Hawke dice que no entiende por qué no se consumió el combustible.

–La maldita avioneta voló cinco horas de más y según los tanques de gasolina, los cuales revisé personalmente después del aterrizaje, no consumió una sola gota de más de combustible.

¿Cómo pudo Hawke volar cinco horas sin gastar combustible? Eso sería posible si las horas sólo hubieran transcurrido para el piloto, pero no para la aeronave. El tiempo debió alterarse cuando entró a la niebla electrónica, y aunque ésta lo envolvió durante ocho horas, para el avión quizá nada más fueron tres. Eso no tiene sentido, a menos que se considere la posibilidad de que Hawke haya entrado a una espiral del tiempo. Aparentemente pasaron cinco horas de vuelo, pero cuando salió de la niebla, regresó a un punto en el que el avión había volado sólo tres horas.

Gernon estuvo en la niebla unos minutos, pero viajó una distancia imposible; Hawke estuvo más tiempo y avanzó una distancia corta. En el caso de este último, el tiempo se distorsionó en la dirección opuesta a la del caso de Gernon, ambas son formas diferentes de distorsión espacio-tiempo.

Un paso adelante

Tal vez la historia más fascinante que jamás se haya registrado sobre la distorsión del tiempo es la segunda experiencia de Hawke, un caso verdaderamente extraño. Volaba una avioneta Piper Aztec bimotor, de Fort Lauderdale a las Bermudas; era un viaje de reparto y lo consideró sencillo.

–Nada más tenía que cruzar un poco de agua, un viajecito sin complicaciones –recordó después.

Le informaron que se encontraría con nubes cúmulus grandes entre los 1 200 y los 2 400 metros, y que si quería volar a mayor altitud, encontraría un buen viento de cola a 3 300 metros.

Hawke describió la situación con su habitual dialecto de piloto.

–Estaba en piloto automático, todo salía a pedir de boca, ya había cruzado el charco algunos cientos de veces; me sentía como pez en el agua. Todo iba perfecto hasta que me descubrí observando la brújula; la veía, pero no entendía lo que marcaba.

La aguja giraba tan rápido, que no podía leerse; y de repente, Hawke empezó a sentirse mareado, a perder el equilibrio y se le nubló la vista.

–Estoy acostumbrado a que se me nuble la vista con la fuerza de gravedad, pero en este caso la gravedad no había intervenido, y el instinto me decía que iba a desmayarme.

Entonces, recurrió a su experiencia y conocimientos. Ya iba volando en piloto automático, pero no era suficiente; de inmediato, hizo el asiento hasta atrás porque si se desmayaba no quería caer encima del panel y que el avión se fuera en picada.

Ya no pudo hacer más, sintió que perdía las fuerzas, se recostó en el reposacabezas y vio el parabrisas, lo único que distinguió fue una niebla amarillenta, no había nubes, ni mar, ni horizonte, ni cielo. Lo último que hizo antes de desmayarse fue consultar su reloj.

–Los brazos me pesaban como plomo, grabé los números en mi memoria y las luces se apagaron.

Despertó 59 minutos después. Si los indicadores decían la verdad, seguía volando hacia el noreste; ya se veía el sol y comprobó que los indicadores sí funcionaban. Se sentía agotado, pero bien.

–Levanté la vista y me encontré con hermosas estelas de vapor, preciosas. De inmediato tomé el radio y me comuniqué con el avión para informarles que estaba volando debajo de ellos y para preguntarles dónde diablos estaba.

Hawke no creyó lo que le dijeron, al menos no al principio; estaba a 650 metros de donde había estado hacía una hora. La velocidad máxima de la avioneta era de 290 kilómetros por hora, pero avanzaba mucho más lento.

Sin embargo, en esa hora había viajado más del doble de la distancia que la aeronave pudo recorrer en ese tiempo. Se dirigió al oeste y aterrizó en Virginia.

Gernon considera que la distorsión tiempo-espacio que sufrió Hawke al entrar y permanecer una hora en la niebla electrónica, lo adelantó 1 hora 52 minutos y 355 kilómetros.

Por supuesto, era imposible; pero cuando un piloto queda atrapado en la niebla electrónica, el tiempo se distorsiona y sucede lo imposible.

Agujeros

En *La máquina del tiempo*, un clásico de H.G. Wells, el protagonista se sienta en una silla especial que tiene luces intermitentes, gira unos discos, y de inmediato viaja cientos de miles de años en el futuro, donde hacía mucho que Inglaterra desapareció y ahora es una tierra habitada por criaturas extrañas que se llaman morlocks y eloi.

En la novela de Michael Crichton, *Rescate en el tiempo*, muchos de los personajes viajan a la Edad Media en una máquina del tiempo.

Los viajeros en el tiempo pasan por agujeros, pero sobreviven al proceso porque son desintegrados y convertidos en "espuma cuántica", unidad básica de la materia dentro de partículas subatómicas, y una vez en su destino son reintegrados a su forma normal.

Para escribir su novela *Contacto*, Carl Sagan consultó a su amigo Kip Thorne para que lo asesorara en las cuestiones técnicas de los viajes en el tiempo. Thorne, experto en relatividad del Instituto de Tecnología de California, le sugirió a Sagan que utilizara un agujero para viajar en el tiempo en lugar de un hoyo negro; argumentó que el primero permitiría al viajero en el tiempo llegar a algún lado, mientras que un hoyo negro es un viaje de ida a la nada. La idea de Thorne le dio mayor credibilidad a la historia de Sagan, y además sirvió de inspiración a media docena de ensayos científicos sobre viajes en el tiempo.

En años recientes, los viajes en el tiempo han atraído la atención de novelistas y místicos, pero también de científicos. Los impresionantes avances en el campo de la gravedad cuántica revivieron la teoría; físicos teóricos ahora afirman que la teoría de los agujeros sí podría servir como sustento de los viajes en el tiempo.

El profesor John Wheeler, de la Universidad de Princeton, utilizó el terminó agujero para describir a los "túneles" que viajan a través del tiempo y del espacio; dice que esos pequeñitos agujeros negros constantemente aparecen y desaparecen a nuestro alrededor, es decir, que su tiempo de vida es limitado.

El universo es redondo porque la masa y la gravedad provocan que el espacio se doble, y los agujeros son atajos que hay en todo el universo.

Los agujeros, cuya existencia está bien documentada, cruzan por las partes curvas del universo, por eso la distancia que hay de un extremo a otro de un agujero es más corta que la que hay en la superficie curva.

Por ejemplo, imagine que una parte del mundo tiene forma de U y que para llegar de una punta a la otra, hay que bajar de un lado y subir por el otro; sin embargo, un agujero va directo de un extremo al otro, lo que da como resultado una distancia más corta y una reducción del tiempo y del espacio.

Ahora imagine que los extremos de la U son las estrellas; entonces, si seguimos el camino de un agujero que cruza el tiempo y el espacio, viajaríamos de una estrella a otra quizá más rápido que la velocidad de la luz.

Si tuviera que registrar cuánto tarda un viaje a través de un agujero, el resultado serían seis meses; pero una vez en el destino final, se dará cuenta que en realidad pasaron diez años. En esencia, se trata de un viaje al futuro.

Existen agujeros naturales, vestigios del *Big Bang*, y artificiales, creados por aceleradores de partículas. Si se encontrara la manera de estabilizar y expandir los agujeros artificiales, podrían controlarse los viajes en el tiempo.

Pero algunos investigadores opinan que es probable que la naturaleza ya esté haciendo ese trabajo, pues el fuego existía antes de que el hombre lo controlara.

Anomalía magnéticas

Un historiador alemán ha registrado anomalías magnéticas en el Caribe. El Dr. Michael Preisinger (no confundir con el Dr. Michael Persinger, el neurólogo canadiense del capítulo 7) pasó seis meses en el Caribe realizando investigaciones submarinas.

Basado en los relatos que escuchó de los navegantes que han experimentando anomalías, tales como brújulas fuera de control o lecturas equivocadas de éstas, se concentró en seis puntos, tres de ellos cerca de Nassau: Hotel Fish, Lyford Cay y White Hole; los otros fueron el Lost Blue Hole, ubicado a una hora de Marathon, en los Cayos de Florida; Bimini Road, cerca de Bimini, y Sunken Train, cerca de Eluthera.

Preisinger y otros dos buzos exploraron cada uno de los lugares, tomaron lecturas y buscaron una explicación para las anomalías electromagnéticas. En cuatro de los seis sitios las lecturas de las brújulas resultaron inexactas.

Aunque los escépticos dicen que las lecturas inexactas de las brújulas provocadas por las anomalías magnéticas no tienen nada de misterioso, Preisinger conoció científicos que opinan diferente. En el periodo subsiguiente a su estudio, se puso en contacto con varios físicos y les habló de los resultados de su investigación submarina.

–Me dijeron que las anomalías magnéticas podrían ser producidas por la breve aparición de microagujeros. No tenían otra explicación para la desviación de las agujas de las brújulas.

Entre ellos se encontraba Grazyna Fosar, físico de Berlín, Alemania, que acompañó a Preisinger en una entrevista de radio.

–Desde el punto de vista de la Física, las puertas al hiperespacio son la única explicación razonable para estos campos de desviaciones misteriosas.

El profesor Tsung-Min Gung, físico japonés, le comentó a Preisinger que dichas desviaciones podrían ser una forma de ubicar los agujeros.

–Si las teorías de las conexiones interdimensionales no están equivocadas y van en la dirección que yo espero, la fuerte interdependencia con la gravedad y el campo magnético de la tierra podrían servir para rastrear los agujeros.

Distorsión del tiempo

El libro *Time Stormes*, de Jenny Randles, está lleno de casos de distorsión del tiempo y del espacio; por lo general, forma parte de las circunstancias una niebla extraña y localizada que a veces era verde, otras amarilla o blanca, y otra más era una luz brillante en medio de la oscuridad. Lo que Randles llama distorsión del tiempo es similar a lo que Gernon bautizó como niebla electrónica; también reporta problemas eléctricos, autos que se quedan sin batería, ruidos extraños, e incidentes en los que se desafía a la gravedad. Aunque son en todo el mundo, la mayoría de las experiencias tuvieron lugar en la Gran Bretaña, en la tierra; en algunas, la distorsión del tiempo ocurrió cerca de fábricas u otros edificios que producen energía electromagnética.

Menciona el caso de los Day, una familia británica que regresaba a su casa en Aveley, Essex, y se encontró con un área de neblina localizada verde y resplandeciente; cuando la penetraron, el autoestéreo empezó a sacar chispas, como si fuera a incendiarse. Sintieron un golpe y tuvieron la sensación de que se elevaban de la carretera; entonces, de manera abrupta, se encontraron más cerca de su casa y la neblina verde había desaparecido. Para su sorpresa, habían perdido dos horas.

Impresionados por la experiencia y con el deseo de saber dónde habían estado esas dos horas, los Day se sometieron a una regresión hipnótica y describieron su encuentro con extraterrestres. Randles, miembro fundador de la Asociación para el estudio científico de fenómenos paranormales, estuvo presente en una de las sesiones de regresión y en un principio estuvo convencida de su validez; pero después comenzó a cuestionar el asunto de los alienígenas.

Descubrió que la información obtenida de la hipnosis se contamina fácilmente con influencias externas y en esos casos, los supuestos recuerdos de encuentros con extraterrestres son fantasías. Esto es lo que Randles cree que sucedió en el caso de los Day, que se hizo muy famoso en la ufología popular británica: el encuentro de la familia con los alienígenas fue una fantasía creada bajo hipnosis, y la realidad es que estuvieron atrapados en una distorsión del tiempo, tormenta que tiene lugar en la estructura del universo y afecta al tiempo y al espacio.

–La hipnosis se convirtió en una vía de escape de la confusión y dio origen a la historia de que se "transportaron" a un OVNI que estaba en el interior de la neblina. Eso dejó satisfechos a los miembros de la familia, pues supieron dónde estuvieron y les ayudó a superarlo.

Pero Randles está convencida de que los Day no perdieron dos horas de recuerdos, sino que viajaron en el tiempo después de que penetraron en la niebla, y los extraterrestres no tienen nada que ver con eso.

La opción de los viajes en el tiempo resulta igual de difícil de creer que el asunto de los extraterrestres, pero Randles apoya sus argumentos con muchos ejemplos de casos de supuestos viajes en el tiempo. Aunque acepta que no pudo documentarlos todos y que algunos podrían ser falsos, al final su teoría en contra de los secuestros extraterrestres y a favor de los viajes en el tiempo es convincente, y está directamente relacionada con los eventos del Triángulo de las Bermudas.

Randles llegó a la conclusión de que la distorsión del tiempo es producto de una alteración natural de la atmósfera que afecta al tiempo y se convierte en un pequeño hoyo negro; sin embargo, también reconoce que podría estar relacionada con los años de investigaciones realizados por el gobierno en los que participan campos de energía. Analizaremos esa posibilidad en el siguiente capítulo.

9

Área 51 y su relación con el Triángulo de las Bermudas

Una mañana de junio de 2003, cuando la avioneta bimotor Piper Aztec cruzó el Caribe, Bruce Gernon se asomó por la ventana lateral y vio las aguas azules del tranquilo Caribe; la ribera de Gran Bahamas estaba a 600 metros debajo de él.

–Era aquí, éste es el lugar donde vi la nube lenticular que dio origen a la tormenta madre –Gernon mencionó, al recordar su viaje en el tiempo tres décadas atrás, al equipo de producción que filmaba un documental sobre el Triángulo de las Bermudas para la cadena televisiva *Discovery Channel* cuando se dirigían a la isla de Andros, lugar de residencia de una base naval. En el mundo de la televisión por cable, se mantiene viva la historia del Triángulo de las Bermudas con producciones nuevas que se estrenan cada año. Gernon era el copiloto de la avioneta, por eso tenía más tiempo para hablar y observar.

–Aquí abajo. Miren el agua, ¿ven eso? –dijo emocionado. Señaló dos manchas blancas en las tranquilas aguas del mar que parecían nubes–. Ésa es el agua blanca de la que les conté.

Hace años, Gernon tomó fotografías de las áreas de agua blanca que se encontraban en medio de la infinita extensión de las aguas del Caribe; cree que el fenómeno puede estar relacionado con los enigmáticos eventos del Triángulo de las Bermudas. En esta ocasión tomó muchas más fotos porque la avioneta pasó varias veces por encima del agua; cuando reveló el rollo, la imagen era una figura oblonga que parecía una enorme ballena blanca. En la última fotografía, el agua blanca estaba en proceso de desintegración.

Después se dirigieron hacia Andros, la isla más grande y menos poblada de las Bahamas y sin duda, la más misteriosa. En minutos, llegaron a la costa oeste de la isla y la avioneta se internó en el denso bosque. La parte interior de la isla permanece inaccesible y sin ser explorada, es el reino de lo desconocido. De hecho, Andros cuenta con sus propios seres míticos, que se dice habitan bajo el espeso follaje.

Los chickcharnies son elfos que miden 90 centímetros, con apariencia de monos; tienen penetrantes ojos rojos, tres dedos en cada mano y en cada pie, y cola, la cual usan para colgarse de los árboles; viven en el bosque y construyen sus casas juntando las puntas de dos pinos. Los lugareños sugieren a los visitantes que en su recorrido de la isla lleven flores o ropa llamativa para conquistar a esas traviesas criaturas. Cuenta la leyenda que las personas que muestran respeto por los elfos son bendecidas con buena suerte, mientras que las cabezas de quienes se burlan de ellos giran sin control. Existe otra criatura, el lusca, que es mitad dragón y mitad pulpo y que se supone vive en los hoyos azules, el sistema de cuevas submarinas de la isla que une a los lagos de agua dulce con el mar. Se dice que el malévolo lusca es el responsable de las muertes de los buzos que se ahogan cuando están explorando las cuevas.

Luego de atravesar 50 kilómetros de bosque, llegaron a la ciudad de Andros, en la costa este, el principal centro poblado de la isla; aunque la gente que espera encontrar un atestado centro comercial, se decepciona rápido. A Gernon le parecía que el pueblo se había quedado congelado en el tiempo, no había crecido ni se había reducido con el paso de los años. Desde el aire, se veía escasamente poblado con residencias muy separadas una de otra en las parcelas del bosque, y no se percibía el centro, ni los comercios.

Pero les interesaba otra comunidad, una base naval secreta de los Estados Unidos, ubicada a dos kilómetros del pueblo y que quizá tenga algo que ver con los extraños fenómenos del Triángulo de las Bermudas; se conoce como Centro de Evaluación de Pruebas Submarinas en el Atlántico (AUTEC, por sus siglas en inglés). Aunque el pueblo se quedó estancado, la base se ha expandido rápido con los años como si fuera una creciente zona residencial.

La avioneta sobrevoló la base después de obtener autorización de la torre de Nassau y de Control de Tráfico Aéreo de Miami.

–La verdad, me sorprendió que nos permitieran entrar al espacio aéreo de la base secreta –dijo Gernon, quien atribuyó su éxito a Stuart Hanley, piloto de segunda generación de una aerolínea comercial y con una experiencia de 25 años volando sobre el Caribe.

Nadie tiene permitido visitar AUTEC si no es acompañado por un empleado de la base. A principios de la década de los 70, Gernon tuvo acceso al lugar gracias a un amigo que trabajaba allí, así que conocía las instalaciones.

–Me di cuenta que habían añadido una enorme plataforma, con capacidad suficiente para que una docena de helicópteros militares aterrizara al mismo tiempo. Cuando pasamos, un Halcón Negro estaba en la pista.

Ubicada a 322 kilómetros al sureste de West Palm Beach, la extensión de la tierra de la base es de sólo 2.60 kilómetros; sin embargo, AUTEC se expande hacia el exterior de la isla y abarca 2 690 kilómetros del Caribe, incluso parte de la base alcanza una profundidad de 240 metros. De acuerdo con el informe oficial de la Armada, AUTEC es un espacio bajo el agua donde se realizan pruebas e investigaciones con equipo acústico; tiene un muelle submarino secreto que es casi del tamaño del área de la tierra de la base. "El objetivo de AUTEC es fungir como espacio del Departamento de Defensa y de la Armada para realizar pruebas y mediciones de guerra submarinas en el Atlántico".

Pero también existe una versión no oficial. La base secreta se localiza en el corazón del Triángulo de las Bermudas, y no es de sorprender que sea la fuente de constantes rumores, sospechas, suposiciones y especulaciones de que está relacionada con las nieblas extrañas, las fallas de equipos electrónicos, e incluso los viajes en el tiempo. Igual que en el caso del Triángulo de las Bermudas, la leyenda se creó entorno a la base secreta.

Según la leyenda, la Armada construyó AUTEC como contraparte de la ultrasecreta Área 51 de la Fuerza Aérea, una base militar que con frecuencia se asocia a actividades relacionadas con los OVNIS, y donde se realizan proyectos "privados", investigaciones secretas con fondos imposibles de rastrear. Se supone que dichos estudios especializados tienen que ver con la investigación que inició con el trabajo del inventor del radio, el croata Nicola Tesla. Con ese fin, la leyenda continúa con el legado del infame proyecto Filadelfia, un experimento secreto de la Armada que tenía que ver con la invisibilidad, que se dijo se llevó a cabo en la década de 1940 y cuyo resultado supuestamente fue la teletransportación de un barco a otro sitio, entre otros efectos impresionantes.

Incluso un sitio web del Triángulo de las Bermudas ofrece detalles sobre un sistema que podría estar funcionando en AUTEC conformado por un transmisor de resonancia de muy baja frecuencia (VLF, por sus siglas en inglés), tecnología que podría estar siendo utilizada por el Comando de Defensa Aeroespacial de Estados Unidos (NORAD, por sus siglas en inglés) y que tendría una antípoda en el centro del Triángulo de las Bermudas. Este sistema hipotético sería capaz de recargar submarinos eléctricos secretos, y generaría la interferencia suficiente para alterar las señales que guían a los aviones y a los barcos; por lo tanto, provocaría efectos relacionados con el fenómeno del Triángulo de las Bermudas.

La Armada en el Triángulo

La postura oficial de la Armada sobre el Triángulo de las Bermudas, que aparece en la página de Internet de la Armada, es muy simplista. El informe, escrito en 1974 y jamás actualizado, dice que el Triángulo de las Bermudas es un área imaginaria y culpa al mal clima de la desaparición de embarcaciones y aeronaves, incluyendo al vuelo diecinueve. La negación indiscriminada de la existencia de un fenómeno desconocido que opera en el Caribe, es muy similar a la eterna negación por parte de la Fuerza Aérea de la existencia del Área 51, en Nevada. ¿El gobierno está haciendo experimentos con radiación electromagnética y de manera *intencional* está dañando a sus ciudadanos? Quizá no; sin embargo, parece que sí está realizando experimentos submarinos *y* atmosféricos que producen campos de energía electromagnética, que sin querer provocan misteriosos efectos.

Gernon recordó una extraña experiencia que tuvo cerca de la isla de Andros un año después de que cruzó la niebla electrónica. El incidente sucedió cuando regresaba a casa de un viaje a Providenciales con su amigo de años, Dennis Morley, y sus respectivas novias.

–Volábamos a 3 150 metros; eran las primeras horas de la tarde de un hermoso día, y disfrutábamos del viaje viendo pasar las islas de las Bahamas. Llegamos a Andros por el sureste, íbamos sobre las profundas aguas de la lengua del océano y acababa de decirles que estábamos acercándonos al área donde me había encontrado por primera vez con una extraña nube un año antes.

"Volteé hacia atrás y me di cuenta que las dos muchachas, que iban en el asiento trasero, se habían quedado dormidas; Dennis y yo nos reímos. Entonces, un minuto después, mi amigo se desvaneció de repente, en medio de nuestra conversación.

"Me pareció muy extraño que los tres se hubieran dormido justo cuando nos acercábamos a Andros; no sabía por qué estaban tan cansados, pues la noche anterior nos acostamos temprano y ese día nos levantamos tarde. Intenté hablar con Dennis, pero estaba profundamente dormido y no se despertó. Me enojé porque se suponía que era mi copiloto".

Los tres pasajeros abrieron los ojos una hora después; habían viajado 320 kilómetros y se encontraban sobre la corriente del Golfo, descendiendo en Palm Beach. Gernon no entendía por qué había permanecido despierto y los demás no.

El hecho de que la avioneta se encontrara cerca de AUTEC, ¿tuvo algo que ver con la primera experiencia de Gernon, o con el extraño comportamiento de sus pasajeros un año después? Afirmarlo sería una imprudencia y una especulación; sin embargo, es curioso que la última persona con la que Gernon habló antes de despegar de Andros y entrar a la tormenta fuera su amigo John Woolbright, quien trabajaba como técnico en AUTEC.

Quizá por la amistad, no consideró la posibilidad de que lo que estaba sucediendo en la base estuviera relacionado con la tormenta a la que se enfrentó, o con la niebla electrónica a la que entró después de escapar de la nube de lluvia.

–Nunca quise creer que el gobierno estaba involucrado con lo que me sucedió –dijo Gernon a la gente de la producción del documental cuando regresaron del viaje a Andros. No obstante, recordó que en 1973 un científico de la Universidad de Palm Beach le comentó que era muy probable que hubiera volado sobre una zona donde AUTEC realizaba un experimento–. Rechacé la idea, no quise creerlo entonces y no quiero creerlo ahora –hizo una pausa y después continuó–: Pero al paso de los años, todo apunta hacia AUTEC.

Simulador de guerra electrónico

A pesar de que es limitada la información que la Armada ha hecho pública respecto a los alcances de la base, sí hay indicios de avances tecnológicos que se parecen mucho al sistema hipotético que se mencionó antes. Es evidente que AUTEC ha expandido su reino hacia el aire y hacia el mar con su nuevo simulador de guerra electrónico. Según un documento recién publicado, el sistema "genera señales electromagnéticas complejas y dinámicas al nivel de la frecuencia de radio (RF)".

El trabajo del simulador es detectar aeronaves, embarcaciones y submarinos que se encuentren en el rango de rastreo del Caribe; está conformado por un simulador de radar, pedestal y controlador, antenas, amplificadores de alto poder, equipo de calibrado y una estación operaria; tiene una torre de dieciocho metros y el operador del sistema se encuentra en un edificio de instrumentos.

No se menciona que los campos de energía sean peligrosos para las embarcaciones o aeronaves que son rastreadas, ni para ningún avión o barco que pase por la zona. Pero como verá el lector, los proyectos de alta tecnología similares en los que hay radares involucrados, que se realizan en otras partes del mundo, supuestamente han producido muchos efectos secundarios extraños.

El bosque de Rendlesham

Vayamos de las misteriosas aguas del Triángulo de las Bermudas a la Gran Bretaña, la tierra del mago Merlín. En esta ocasión, el desconcertante acto de magia tuvo lugar en el bosque de Rendlesham, en Suffolk. En la década de los 70, hubo muchos reportes que afirmaban que una brillante niebla color verde que salía del mar, tocaba tierra en las inmediaciones del bosque.

En un incidente muy publicado que se dio a conocer el 27 de diciembre de 1980, tres soldados de la Fuerza Aérea de Estados Unidos se dirigieron hacia una luz brillante que estaba en el interior del bosque; conforme se acercaban a ella, el aire se cargaba de electricidad. Después, uno de los soldados dijo que sintió que pasaron horas observando lo que parecía una nave metálica de forma triangular que permanecía inmóvil en la tierra o descansaba en un trípode. Pero cuando la resplandeciente nave se elevó y desapareció, el soldado se dio cuenta que sólo habían pasado unos minutos.

Al tiempo que los soldados perseguían la brillante luz, los animales de una granja cercana entraron en pánico, y el equipo eléctrico dejó de funcionar momentáneamente. La noche siguiente aparecieron más luces brillantes en el cielo, que hacían movimientos radicales e imposibles, y también se vieron cerca del suelo. Aunque el radar no detectó objetos desconocidos en el aire, el caso se consideró como el aterrizaje de un OVNI, y se convirtió en la experiencia más famosa y más discutida de la Gran Bretaña.

Sin embargo, la investigadora Jenny Randles, en su libro *Time Storms*, duda que alguna nave extraterrestre haya visitado el bosque de Rendlesham. En la época de los incidentes, un equipo de físicos experimentales estaba trabajando cerca del bosque en un proyecto secreto en el que utilizaban un avanzado sistema de radar. Randles está convencida de que los eventos misteriosos fueron efectos secundarios de los experimentos.

El proyecto en cuestión tenía un radar con alcance más allá del horizonte (OTH, por sus siglas en inglés), que tiene la capacidad de detener proyectiles de alta velocidad. El radar OTH es lanzado a la parte más alta de la atmósfera y detecta objetos en movimiento que se encuentran más allá del horizonte, ioniza el aire circundante y se supone que produce efectos secundarios impresionantes y poco comunes. Los efectos en la atmósfera, como las luces brillantes, también se reportaron en Australia y se relacionaron con la investigación del radar OTH.

Como no existen pruebas concluyentes de que las luces brillantes y los incidentes asociados a ellas son producidos por esos experimentos, un científico independiente demostró que puede crear casi todos los fenómenos enigmáticos que se han reportado en el Triángulo de las Bermudas.

El efecto Hutchison

Si alguna vez existieron dudas de que los campos de energía hechos por el hombre produjeran fuerzas misteriosas, los experimentos del investigador canadiense John Hutchison las han esclarecido. Los impresionantes resultados, que han sido grabados en video y observados por otros científicos, se conocen como el efecto Hutchison.

A finales de la década de los 70, Hutchison quedó cautivado con la investigación de Nicola Tesla; estaba interesado sobre todo en lo que el croata llamaba ideas "locas": energía sin costo, levitación, invisibilidad, y viajes en el tiempo. Tesla no hizo públicos sus intereses, pues temía que otros científicos lo ridiculizaran; pero parece que Hutchison no comparte ese temor. Independiente, innovador, y fuera de la corriente dominante, persigue sus metas y no tiene empacho en dar a conocer sus logros en el laboratorio, sin importarle cuán imposible o extravagante les parezcan a los demás científicos.

Su historia comenzó un día que realizaba un experimento relacionado con la ondas de radio longitudinales, un tema que también interesaba a Tesla. Su equipo, conformado por bobinas Tesla, generadores RF y Van de Graaf, estaba apretujado en una habitación pequeña en su departamento. Prendió todos los aparatos al mismo tiempo y para su sorpresa, la ondas se mezclaron y dieron origen a algo inesperado. Mientras trabajaba, sintió un golpe en el hombro, al voltear vio que una pieza de metal volaba en el aire.

Después de eso, empezó a hacer levitar piezas de madera, hule espuma, plástico, cobre y zinc; los objetos se mantenían inmóviles en el aire, o se movían y giraban, incluso a veces salían disparados de la habitación a velocidades increíbles. Ése fue el inicio de los impresionantes efectos de más de 750 experimentos. Objetos pesados comenzaron a levitar, entre ellos una bala de cañón de 27 kilos; también apareció una niebla gris, o neblina, que se adhería a los objetos, parecida a la niebla electrónica de Gernon, y esferas de luz flotantes; se hizo añicos un espejo que estaba a 25 metros de la casa; material no inflamable, como cemento y rocas, se incendió afuera del edificio; el metal se dobló, deformó, rompió y desmoronó; algunos metales que estaban cerca de la madera se calentaron demasiado, pero no se prendieron; se formaron remolinos en el agua que estaba en contenedores, y todo esto provocado por una fuerza misteriosa.

Algo todavía más impresionante, los objetos de metal se volvieron invisibles temporalmente y en un caso, una pieza de madera se fundió con el metal. Estos últimos efectos se representaron en la película *El experimento Filadelfia*, una novela de ficción basada en el legendario experimento que la Armada de Estados Unidos realizó sobre invisibilidad, y que se supone volvió locas a algunas de las personas que participaron en él y otras se fusionaron físicamente con el mamparo y la cubierta del barco. Las bases del experimento secreto fueron las investigaciones de Tesla, quien se dice participó en las primeras etapas del denominado Proyecto Arcoiris.

Con el cabello a la altura de los hombros, que a veces le cubre el rostro, y su ropa informal, Hutchison parece una combinación de estrella de rock, tipo Neil Youg, y científico "loco" del estilo de Tesla. A pesar de sus excentricidades, corporaciones y gobiernos han tomado con seriedad el trabajo de Hutchison. El laboratorio Los Álamos ha investigado su efecto, y el Instituto Aeroespacial McDonnell Douglas y el Instituto Max Planck, de Alemania, han documentado y tomado fotografías de sus experimentos; científicos japoneses y el gobierno alemán están interesados en su trabajo.

Sin embargo, en su país no ha sido bien recibido. En dos ocasiones, el gobierno canadiense confiscó su equipo; pero lo arrestaron y llamaron traidor cuando intentó llevarse sus instrumentos de trabajo a Alemania. En otro incidente, policías canadienses registraron su laboratorio con el argumento de que estaban buscando la colección de armas antiguas de Hutchison.

Las agencias militares y de inteligencia de Estados Unidos también han demostrado interés, pero Hutchison se apresuró a rechazarlas. En el verano de 2002, el mensaje de la contestadora de la casa del científico agradecía las llamadas de los productores de cine, pero también decía que si la persona que hablaba era del ejército o del gobierno, no le interesaba escucharla. Más tarde devolvió las llamadas que nosotros le hicimos, nos explicó que había tenido malas experiencias con gente del gobierno y del ejército y que ya no le interesaba tener tratos con ellos.

Como usaba una corriente eléctrica de 75 wats proveniente de una toma AC de 120 voltios para hacer funcionar los aparatos electrodomésticos, Hutchison creía que los impresionantes efectos eran producto de la interacción de la energía electromagnética con las longitudes de onda entre los aparatos. Aunque era inevitable que fallaran sus esfuerzos por duplicar sus logros a partir del funcionamiento de un solo electrodoméstico.

A pesar de los muchos experimentos que había realizado, Hutchison seguía sin saber cómo se creaba el fenómeno. A veces, pasaban días sin que obtuviera resultados positivos; no obstante, su perseverancia dio fruto y los efectos se documentaron y se fotografiaron en el Instituto Aeroespacial McDonnell Douglas y en el Instituto Max Planck, en Alemania.

En una de las demostraciones más impresionantes, que se grabó en película de ocho milímetros, se reprodujo la niebla electrónica. En la grabación se ve que los objetos de la habitación están envueltos por una niebla gris, la cual se adhiere a ellos, igual que la niebla con la que se encontró Gernon. En otro experimento, apareció una neblina gris metálica tan densa, que no se veía a través de ella; si dicha niebla se moviera con libertad, daría la impresión de que es un OVNI estático en el aire o que incluso hace movimientos irregulares.

Hutchison está convencido de que si estos fuertes campos electromagnéticos pueden producirse en el laboratorio, también existen en la naturaleza.

Le dijo a Gian Quasar, el creador de una famosa página en Internet sobre el Triángulo de las Bermudas, que "es muy probable que la naturaleza produzca sola estos campos y cree la situación perfecta para que un barco o un avión se desintegren o se desvanezcan y reaparezcan en otra dimensión".

El Triángulo de las Bermudas podría ser un laboratorio enorme donde la energía electromagnética liberada por la tierra de manera natural, o irradiada por el sol como resultado de las erupciones solares, da origen a la niebla electrónica y a otros fenómenos misteriosos. Pero es probable que en el Caribe la naturaleza reciba ayuda del hombre. Las ondas de radio y la energía electromagnética generada en las instalaciones de AUTEC podrían provocar condiciones atmosféricas poco comunes, o aumentar las ya creadas por la naturaleza, es decir, la niebla electrónica y todos los fenómenos relacionados con ella.

Foto 1: Los tres hombres poco después del vuelo en 1971: Layfayette, Gernon, y Gernon padre.

Foto 2: Gernon y la avioneta Bonanza, con la que viajó en el túnel del tiempo en 1971.

*Foto 3: Los tres hombres que viajaron en el túnel del tiempo:
Bruce Gernon, Chuck Layfayette y Bruce Gernon padre, tomada en 1998.*

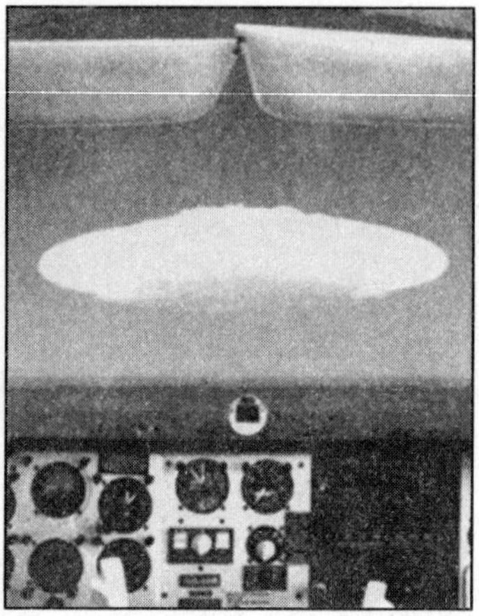

Foto 4: En la primera etapa de la tormenta electromagnética, se forma la nube de forma lenticular a 5 kilómetros de la isla Andros, como se ve desde la cabina a 305 m (izquierda).

Foto 5: Atrapados dentro de la borrasca en forma de toro, sin manera de esquivarla por arriba o por abajo, nos dimos cuenta que los dos lados de la tormenta se encuentran y forman un túnel, decidimos atrversarla (abajo).

Foto 6: En el vórtice del túnel a 3,050 m, delgadas líneas formadas por nubes giran lentamente en el sentido de las manecillas del reloj, a sólo unos metros de las paredes del túnel (derecha).

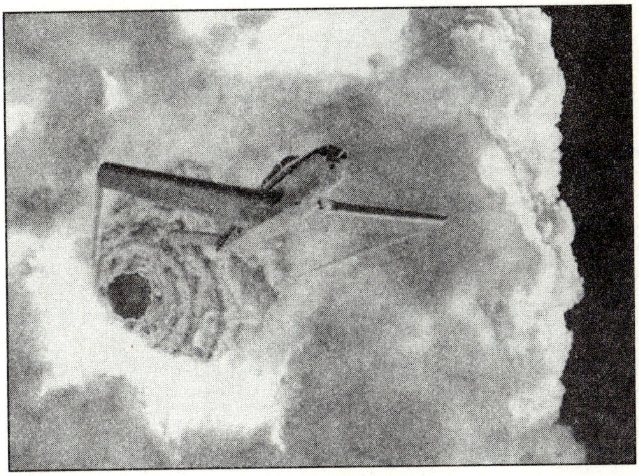

Foto 7: Estelas de vapor aparecen en la punta de las alas cuando el túnel se viene abajo detrás del avión. La sensación de gravedad cero se presenta cuando la niebla electrónica envuelve al avión (arriba).

Foto 8: Directamente sobre Miami Beach, la nube electrónica se disipia de manera abrupta. Los instrumentos electrónicos y magnéticos regresan a la normalidad simultáneamente. (arriba).

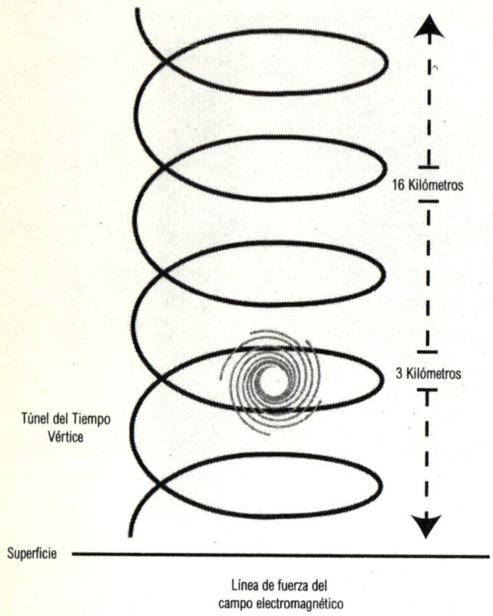

Ilustración 9: Imagen lateral del túnel que atravesó Gernon, experiencia que terminó como un viaje en el tiempo.

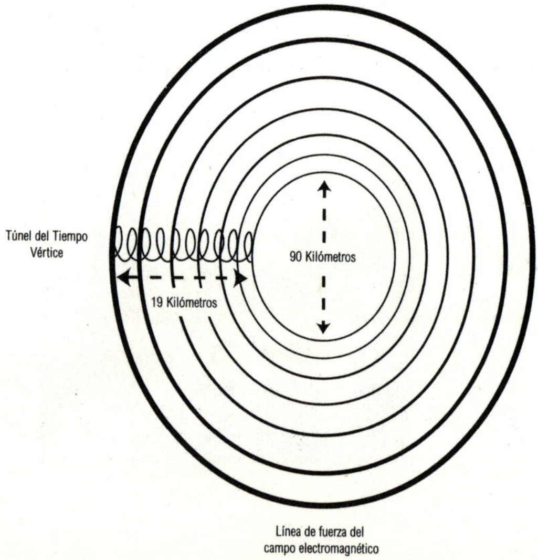

Ilustración 10: Plano superior del diagrama de la nube en la que Bruce Gernon entró cerca de la isla de Andros, y del túnel por el que salió.

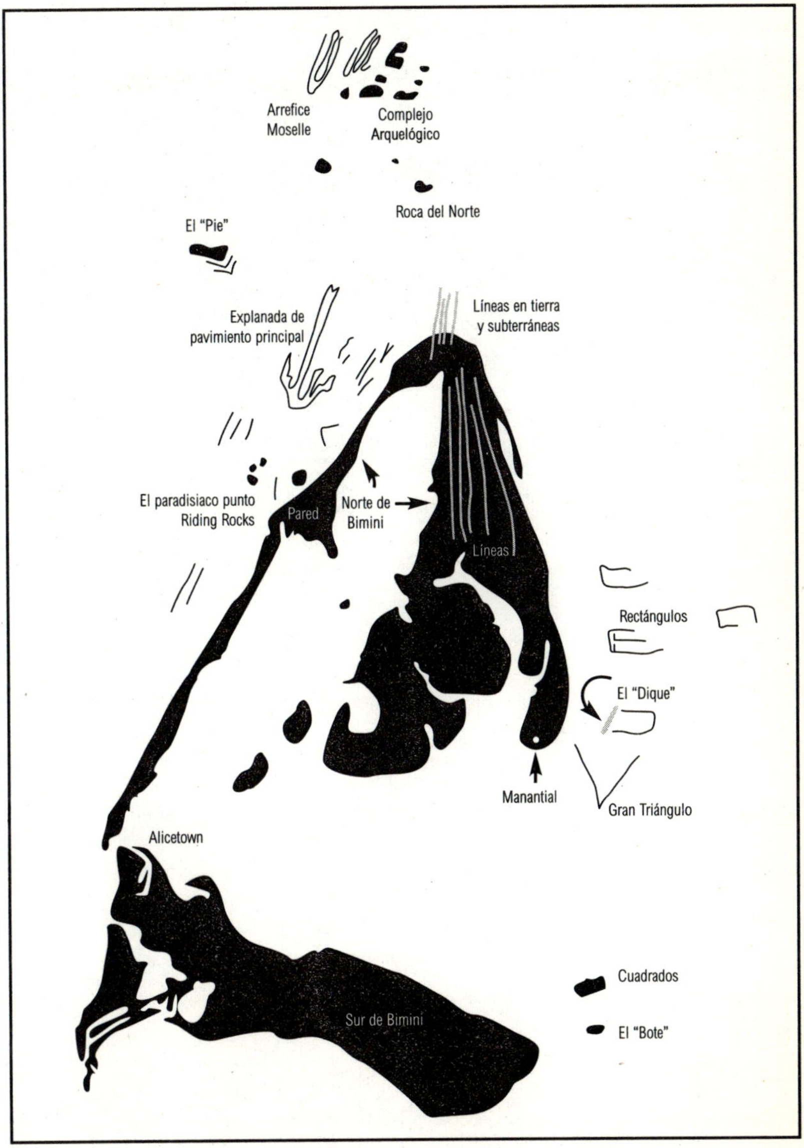

Foto 10: Imagen de la isla Bimini en la que aparecen posibles sitios arqueológicos. La fotografía fue tomada por J. Manson Valentine, quien exploró las aguas de la isla pues quizá allí se encuentren ruinas de la Atlántida.

10

La energía de la Atlántida

En la historia del Triángulo de las Bermudas, el continente perdido de la Atlántida aparece como una subtrama, una leyenda fascinante superpuesta en la misma región. Una isla continente del tamaño de Europa, situada en el Atlántico, sus fabulosas ciudades, su avanzada tecnología, y un gobierno sabio, todo eso desapareció debido a un cataclismo de un día y una noche.

Pero ¿en qué parte de la historia principal entra la Atlántida? La respuesta está en una palabra: *energía.* De acuerdo con la teoría que une a la Atlántida con el Triángulo de las Bermudas, la fuente de energía que abastecía al continente perdido, y que quizá lo destruyó, podría seguir activa, liberando de vez en cuando campos de energía que afectan a los barcos y a los aviones que pasan por el lugar.

La historia de la Atlántida ya casi se había sumido en el olvido cuando Platón, el filósofo griego, la revivió. Sus diálogos *Timeo* y *Critias*, escritos en el año 370 a.C., se basan en los registros de 200 años de antigüedad del emperador griego Solon, quien escuchó el relato de boca de un sacerdote egipcio. Incluso en esa época, la saga de la Atlántida databa de miles de años.

Platón ubica a la Atlántida en el Océano Atlántico, en algún punto después del estrecho de Gibraltar; describió al continente como el paraíso, una tierra de increíbles bellezas naturales con montañas, ríos y lagos. La gente poseía abundantes riquezas en oro, plata, latón, estaño y marfil; sus palacios eran maravillas arquitectónicas y moradas lujosas. Los atlantes eran talentosos ingenieros que construyeron un complejo sistema de canales y puentes para unir a la ciudad capital con el mar y el campo. En sus magníficos puertos y muelles albergaban cientos de flotas de navíos en los que llevaban sus mercancías a tierras extranjeras, donde hacían prósperos negocios.

Platón describió personas amables, sabias y virtuosas, que con el tiempo perdieron su naturaleza humilde y se volvieron avaros, deseosos de más poder e influencias. Al final, el reino contrajo demasiadas obligaciones económicas y los griegos derrotaron a sus guerreros. El *Timeo* continúa: "Posteriormente, tras un violento terremoto y un diluvio extraordinario, en un día y una noche terribles, la clase guerrera se hundió bajo la tierra y la isla de la Atlántida desapareció, hundiéndose en el mar".

Se han escrito miles de libros y de artículos sobre la Atlántida, algunos la consideran un hecho real y otros uno mítico. Pareciera que el continente perdido vive en las profundidades de nuestra memoria colectiva. A pesar de que no hay pruebas físicas de la existencia de la Atlántida, y de que los científicos han descartado la idea de que una masa continental desapareciera en cuestión de horas, la historia de una civilización avanzada que vivió en un paraíso perdido sigue cautivándonos; apela a nuestro deseo de información sobre una edad de oro en la era prehistórica, y al mismo tiempo, como fábula moderna, describe los peligros a los que se enfrentó una poderosa sociedad avanzada.

Pero hasta que el psíquico Edgar Cayce (1877-1945) habló del continente perdido como un lugar histórico ubicado en el Caribe, la idea de que los atlantes fueran vecinos de los pobladores de América cobró vida. Conocido como el "profeta durmiente", Cayce se comunicaba con espíritus y predecía el futuro; afirmaba que muchos atlantes volvieron a nacer en América y que se redescubriría el continente.

Cayce creía que la Atlántida poseía una avanzada tecnología que funcionaba con "cristales de fuego"; en su estado de ensueño, en el que respondía preguntas, dio a conocer que la isla continente fue destruida por un terrible desastre en el que participaron dichos cristales. Además, afirmó que en las profundidades del Caribe aún existían cristales de fuego dañados, que de vez en cuando liberaban campos de energía capaces de hundir barcos y estrellar aviones. Aunque el término Triángulo de las Bermudas surgió más de dos décadas después de su muerte, Cayce dio una explicación de los sucesos misteriosos de la región; también predijo que los atlantes empezarían a reaparecer en 1968 ó 1969, sus palabras específicas fueron: "una parte de los templos podría descubrirse bajo el cieno del mar, cerca de lo que hoy se conoce como Bimini, en la costa de Florida. Poseida será una de las primeras porciones de la Atlántida que resurgirá, espérenla en el año 1968 ó 1969".

Ningún área de la Atlántida ha surgido de las profundidades del mar, a excepción del parque temático del mismo nombre que está en las Bahamas. Sin embargo, en septiembre de 1968, el Dr. Manson Valentine, zoólogo, paleontólogo y geólogo, con tres doctorados en Yale, descubrió el controversial "camino de Bimini". Un guía de turistas de la región, de nombre Bonefish Sam, llevó a Valentine a un arrecife en la costa de Bimini; cuando se asomó al agua, que tenía tres metros de profundidad, vio cientos de calizas de superficie plana acomodadas de manera ordenada a lo largo de entre trece y dieciséis kilómetros; el camino, ubicado a 30 metros de la playa, mide aproximadamente 90 metros de ancho y 480 metros de largo.

Valentine escribió después acerca de su descubrimiento: "Me impresionó encontrar un extenso camino de piedras planas en forma de rectángulo, y algunas de polígono, de diferentes tamaños y espesores, bien acomodadas y alineadas. Era obvio que hacía mucho tiempo que las rocas habían sido sumergidas, porque los bordes de algunas eran curvos, lo que hacía que los bloques parecieran enormes piezas de pan o almohadas. Mi opinión es que el fantástico complejo es muestra de que un hombre de otra época utilizó de manera inteligente el material provisto por la naturaleza y adecuado para la creación de algún tipo de centro ceremonial".

A pesar de su importancia académica y de su puesto como director del Museo de Ciencias de Miami, Valentine, que murió en 1994 a la edad de 92 años, estaba dispuesto a explorar temas, como la Atlántida, el Triángulo de las Bermudas y los OVNIS, que otros científicos tenían la costumbre de evitar. Cuando los escépticos dijeron que su descubrimiento era una formación natural de rocas de playa, Valentine refutó sus argumentos; explicó que muchas de las piedras estaban hechas de micrita de sílex duro y no de caliza suave, como las rocas de playa. También dijo que su alineación no seguía la curvatura de la playa, y que algunas de las piedras de mayor tamaño tenían en las esquinas rocas que fungían como pilares.

De la Atlántida al Triángulo

En 1974, Bruce Gernon supo de los intereses de Valentine por un noticiario del sur de Florida, donde apareció como el jefe de un grupo de gente que realizaba investigaciones sobre el Triángulo de las Bermudas. Gernon llamó al Museo de Ciencias de Miami y dejó un mensaje para Valentine, quién se comunicó con él una semana después y acordaron reunirse.

Gernon recuerda que cuando conoció a Valentine éste era un hombre alto, atractivo, de 70 años, que le contó de sus exploraciones y de que, junto con el piloto Jim Richardson, voló sobre la ribera de Bahamas, cerca de la isla de Andros.

–Descubrieron un grupo de líneas blancas perfectamente rectas que avanzaban hacia el oeste, y las siguieron en el avión cuando menos 30 kilómetros. Las líneas los condujeron a un enorme tridente que parecía hecho por el hombre; medía 30 metros de largo y en la base tenía tres hoyos en forma de polígono. El descubrimiento los emocionó mucho y marcaron el lugar para regresar a bucear.

El día que bucearon en las cavidades, les sorprendió descubrir que había piedras bloqueando la entrada de la cueva principal. El Dr. Valentine dijo que parecía que había habido una gran explosión en el tridente después de que lo encontraron. Por suerte, Valentine tomó fotografías del objeto la primera vez que lo vio, una de ellas apareció en un extenso artículo que escribió en 1976 para el *Explorers Journal* que se llamó "Arqueología submarina en las Bahamas".

Empezó la nota con esta premisa: "Si las grandes mesetas submarinas de las Bahamas fueron tierra seca en el pasado más o menos reciente, como lo parecen algunas, sus aguas poco profundas bien podrían revelar señales de que fueron ocupadas por una civilización antigua". Con esa teoría en la mente, Valentine inició su exploración del Caribe, la cual duró más de dos décadas. Aunque nunca afirmó que la ruta submarina de Bimini fuera parte de la Atlántida, le intrigaba el mito de un continente perdido que desapareció hace 12 000 años, así como la historia geológica de una tierra que se hundió en el mar casi en la misma época.

Gernon también recuerda que Valentine estaba seguro de que los escépticos, quienes dijeron que era una formación de rocas de playa, estaban equivocados. Para demostrarlo, utilizó un pedazo de 2.5 centímetros de espesor de una piedra que extrajo del lugar.

–La levantó y la golpeó con un martillo; ésta despidió un zumbido, cosa que no sucede con las rocas de playa.

La investigación de Valentine en el Caribe abarcó el estudio de la Atlántida y el misterio del Triángulo de las Bermudas. De hecho, Charles Berlitz consultó ese trabajo para escribir sus dos libros sobre el Triángulo de las Bermudas. Valentine quedó fascinado con la historia del viaje de Gernon a través de la enorme tormenta en 1970, y después lo presentó con Berlitz. Aunque la primera vez que Gernon le contó lo sucedió a Valentine, lo desconcertó la reacción inmediata del científico.

Se reunieron en la casa de Valentine, en el centro de Miami, una construcción antigua y bien conservada que perteneció a otra época de la ciudad que estaba rodeada de edificios altos. Al principio, la conversación fue normal, Valentine le hizo muchas preguntas a Gernon sobre las condiciones climatológicas y la situación que rodeaba al viaje; pero cuando éste comenzó a describirlo, la actitud del científico cambió.

–Cuando llegué al punto donde el avión despegó de la pista de Andros a las 3 p.m., me di cuenta que Valentine empezaba a cerrar los ojos; conforme seguía explicándole los detalles del vuelo, sus ojos permanecían cerrados y poco a poco bajó la cabeza, hasta que quedó recostado en sus brazos, sobre la mesa.

"Eso me desconcertó porque pensé que tal vez le estaba dando una embolia o que algo andaba mal. Volteé a ver a la Sra. Valentine, quien en voz baja me dijo que no me preocupara, que estaba en trance y que aún me escuchaba. Era raro estarle contando mi historia a una persona que parecía que estaba dormida, pero después supe que entró en trance para lograr un nivel de concentración más alto para analizar mi viaje. Tuve la sensación de que estaba visualizando las imágenes que yo tenía en la mente mientras hablaba.

"Seguí hablando cerca de 30 minutos y no movió ni un músculo, era como si estuviera profundamente dormido. Cuando terminé, el Dr. Valentine levantó la cabeza lentamente y luego abrió los ojos. Me miró, sonrió y se volvió hacia Anna, su esposa: 'Es impresionante. Él es el único piloto que ha atravesado el corazón de la tormenta, desde su nacimiento hasta su madurez, y salió por el vórtice'.

Valentine pensó que había una conexión entre el Triángulo de las Bermudas y la Atlántida; el lazo, creía, eran los OVNIS, que podrían ser máquinas del tiempo que en el área del Triángulo de las Bermudas cruzaban portales entre la Atlántida y otros mundos u otras dimensiones.

El interés por el lugar

Otros siguieron los pasos de Valentine y exploraron el misterioso camino submarino que está cerca de Bimini. Dimitri Rebikoff, ingeniero francés y pionero de la fotografía submarina, tomó fotografías acuáticas y aéreas del lugar. De 1969 a 1978, Rebikoff mantuvo una estrecha vigilancia de todo el sitio, fotografiando las piedras una por una.

En 1974, El Dr. David Zink, experto en Prehistoria y explorador, estudió el lugar, utilizando un equipo sonar profesional para analizar la activación nuclear. Recurrió a buzos de la Armada de Estados Unidos, así como a procesos de Física en combinación con procedimientos arqueológicos; Zink llegó a la conclusión de que el complejo de piedra fue hecho por seres humanos de épocas antiguas. Escribió *Las rocas antiguas hablan* y *Las piedras de la Atlántida*.

A Manson Valentine no le agradó que la estructura submarina de piedras se bautizara como camino de Bimini, porque para él no era un camino, ni una muralla, ni un puerto marítimo de la antigüedad. Más bien creía que se trataba de un centro ceremonial sagrado, comparable con Stonehenge o las Líneas de Nazca: "No entendemos cuál es el origen de esas construcciones majestuosas, a menos, claro, que nos atrevamos a considerar que su existencia se debe a la intervención de extraterrestres y de energías producidas metafísicamente".

A pesar de la investigación y de los argumentos de Valentine y de otras personas que han explorado el complejo de piedra que está en la costa de Bimini, los científicos tradicionalistas apoyan categóricos la teoría de que las piedras son una formación natural. Mientras tanto, se descubren más complejos de piedra en las aguas del Caribe.

Nuevos descubrimientos

En diciembre de 2002, los investigadores canadienses de un equipo de exploración confirmaron el descubrimiento de estructuras de piedra en las profundidades de la costa de Cuba, que pudieron haber sido construidas por una civilización hace miles de años. Las misteriosas formaciones parecen la maqueta de un centro urbano. Paulina Zelitsky, del Centro de Comunicaciones Digitales Avanzadas, con sede en la Columbia Británica, dijo que las estructuras de piedra podrían ser parte de una cultura que desapareció a causa de un problema geológico.

El equipo de investigadores hizo el descubrimiento en julio de 2000 con un sofisticado equipo sonar de escáner; a 630 metros bajo la superficie encontraron una meseta submarina de gran tamaño salpicada de estructuras de piedra acomodadas en perfecto orden, cubiertas de arena. Se reportó que visto desde arriba, el lugar parecía un complejo de pirámides, caminos y edificios.

Los investigadores canadienses, junto con miembros cubanos de la Academia de Ciencias de Cuba, regresaron dos años después para investigar más. En esa ocasión, bajaron un vehículo de control remoto que grabó parte del complejo de 20 m^2. Las imágenes revelan enormes bloques de granito suave en formaciones perpendiculares y circulares, algunas con forma de pirámide. Muchos de los bloques medían entre 1.5 y 4.5 metros de alto, y algunos estaban encima de otros.

Zelitsky dijo que el descubrimiento arrojó evidencias que indican que Cuba alguna vez estuvo unida a la península de Yucatán por un puente de tierra; y que si las estructuras que están sumergidas en el agua son las ruinas de una civilización, ésta existió cuando menos hace 6 000 años. Según geólogos, el nivel del mar en la era glaciar, hace 20 000 años, era más de 120 metros menor del que tiene en nuestros días, y se elevó poco a poco con el paso de los milenios. Esto significa que la civilización fue destruida por un cataclismo, provocado por terremotos o actividad volcánica, que la hundió en el sitio donde ahora se encuentra. Algo similar sucedió en tiempo récord. En 1992, dos tercios de la ciudad de Port Royal, Jamaica, se hundió en Kingston Harbor a causa de un temblor de tierra. El antiguo pueblo descansa doce metros bajo la superficie del mar.

Andros

Cerca de la costa norte de la isla de Andros, dos investigadores descubrieron una plataforma de roca de tres niveles 30 metros bajo el agua. Los Drs. Greg y Lora Little encontraron el lugar de casualidad; en febrero de 2003 iniciaron una serie de expediciones de investigación, con la intención de resolver un misterio de 35 años de antigüedad que tenía que ver con formaciones de rocas submarinas. A fines de los 60, cuando Manson Valentine trabajaba cerca de Bimini, unos pilotos tomaron fotografías de unas extrañas formaciones circulares en la costa oeste de Andros, muchas de las cuales parecían anillos de piedra. No obstante, según sabían los Little, nadie había investigado las formaciones, que se localizan en un área remota de la isla escasamente poblada.

El matrimonio, que pertenece a la Asociación de Investigaciones y Explicaciones de Virginia Beach, Virginia, vio los anillos de piedra desde el aire y después investigó el lugar. Se decepcionaron al descubrir que eran formaciones naturales; sin embargo, la última noche que pasaron en la isla, conocieron a Dino Keller, buzo experimentado y ex operador de barcos de inmersión, quien le contó a los Little sobre una estructura de piedra poco común que había visto desde un barco justo antes de que el huracán Andrew azotara la isla, en 1992. Keller dijo que se parecía al Camino de Bimini, pero de extensión mayor.

Al día siguiente, encontraron la extraña formación a 450 metros de la costa. Los tres escalones de piedra miden 15 metros de ancho y 60 centímetros de alto; el inferior está conformado por bloques rectangulares de 9x7.5 metros y 60 centímetros de espesor bien conservados; el segundo y tercer escalones están formados por piedras del mismo tamaño.

Después de revisar el lugar, los Little hicieron planes para realizar un estudio más detallado y volvieron en abril de 2003; pasaron tres días tomando fotografías del lugar.

La plataforma que está debajo de los tres escalones mide 45 metros de ancho y cuando menos 360 metros de largo. Geólogos han sugerido que la estructura es roca de playa y que podría tener 6 000 años de antigüedad. Pero los escalones no están cerca de la playa, y no es común encontrar formaciones de roca de playa lejos de la costa. Los Little, que son investigadores cautelosos, dicen que parece que la estructura fue hecha por el hombre, pero todavía no están seguros.

Igual que el caso del camino de Bimini, los científicos tradicionalistas dudan que el hombre haya hecho las formaciones de roca que están cerca de Cuba y de la isla de Andros; quieren saber dónde están los elementos que ayudan a definir una cultura. Hasta ahora, no se ha encontrado ninguno relacionado con dichas estructuras de piedra; no existen herramientas antiguas, ni vasijas rotas, ni huesos que por lo general se encuentran en las ruinas. Sin embargo, tomando en cuenta la ubicación de las estructuras en las aguas del Caribe y las tormentas que entierran y dispersan a los barcos que naufragan, no es difícil imaginar que los vestigios de una civilización de 12 000 años de antigüedad estuvieran sepultados y esparcidos, si no es que destruidos; cualquier osamenta fue desintegrada hace mucho tiempo y las vasijas rotas estarían convertidas en arena.

Parece que los artículos atlantes son tan escurridizos como los elfos de la isla de Andros, los túneles del tiempo y la materialización de un muro de niebla electrónica. Aunque la naturaleza de la niebla, igual que la ubicación de la Atlántida, es misteriosa, los efectos que la niebla produce en las personas que han quedado atrapadas en ella son más evidentes. En el siguiente capítulo, hablaremos con más detalle de dichos efectos.

Parte 3

La niebla

11

Reacciones inmediatas

De origen natural o artificial, la niebla electrónica es real, y según sabemos, no sólo descompone equipos electromagnéticos, sino que provoca alteraciones en la continuidad tiempo-espacio; nubla la mente de quienes quedan atrapados en ella; al momento del incidente, o poco después, provoca confusión y desorientación; la gente que por lo general está alerta, olvida seguir los procedimientos básicos, y muchos pilotos, envueltos por la niebla, van directo a su muerte.

Después de que Bruce Gernon viviera la experiencia de atravesar niebla electrónica en 1970, se comunicó con los controladores de Miami radio para preguntar su ubicación; para su sorpresa, no lo encontraron en el radar.

–Entonces mi papá hizo algo que nunca hacía, me quitó el micrófono y le gritó y maldijo al controlador. En los cinco años que tenía volando con él, no lo había visto actuar de esa manera. Le faltó poco para entrar en pánico, pero logré controlarlo.

Pero el padre de Gernon no fue el único que actuó raro.

–Entre más penetraba en la niebla, Chuck, el otro pasajero, se volvía paranoico. Me dije a mí mismo que no tenía caso decirle las cosas porque de inmediato se asomaba por la ventana. Teníamos sensaciones que nunca habíamos experimentado.

Es lógico que hasta pilotos experimentados que se quedan atrapados en la niebla, a veces se desorienten y que sus pasajeros entren en pánico. Pero si a eso le añadimos las brújulas que giran sin control y los efectos de la radiación electromagnética, aumentan las posibilidades de confusión y desorientación.

Bien pudo ser eso lo que le sucedió a la "Patrulla perdida". A pesar de la amplia experiencia del piloto en jefe del vuelo diecinueve, él y los demás pilotos se confundieron y desorientaron y no pudieron encontrar el camino de regreso a casa; aunque los cinco Avenger estaban equipados con un receptor de YG, un localizador similar al actual localizador automático de dirección. El procedimiento a seguir era prender el ZBX para que los guiaran de regreso a Fort Lauderdale. Según las transmisiones recibidas, parecía que ninguno de los pilotos sabía cómo volver a casa.

Animales y magnetismo

¿La energía electromagnética afecta las capacidades de los pilotos para tomar decisiones? Experimentos con animales demuestran que el magnetismo sí tiene ese efecto. Se sabe que algunos animales, incluyendo aves migratorias, usan el magnetismo de la tierra para orientarse; las ballenas tienen magnetita almacenada en las neuronas, que se transforman en detectores internos de campos magnéticos que las ayudan a orientarse en el mar. Las palomas tienen censores magnéticos internos con los que se guían, incluso con mal tiempo o en la noche.

Experimentos han demostrado que si se colocan pequeños magnetos invertidos en estas aves, se desorientan, se confunden y pierden su capacidad para encontrar el camino a casa.

Otros estudios también han probado que el magnetismo desconcierta a la abejas. Cuando las abejas obreras vuelven a sus enjambres con información sobre la ubicación del néctar, se lo comunican a las demás abejas a través de una complicada serie de maniobras; sin embargo, cuando hay un campo magnético cerca del panal, la danza se convierte en un grupo de movimientos sin sentido que no le dicen nada al resto de las abejas.

Pilotos y energía electromagnética

Cuando un avión entra a un campo electromagnético, la forma en la que éste afecta al piloto y a los pasajeros varía de persona a persona. John Hawke perdió la conciencia durante una hora luego de penetrar a una extraña niebla, y tuvo la fortuna de sobrevivir. En 1971, los tres acompañantes de Gernon se desmayaron cuando la avioneta pasó por la isla de Andros, cerca de la base naval AUTEC y del área donde Gernon se encontró con una extraña nube un año antes.

Casey Purvis, quien trabajaba como piloto voluntario de la guardia costera auxiliar, se desorientó de inmediato cuando a su paso salió una niebla localizada en la costa de Marathon, Florida (ver capítulo 3). A pesar de su amplia experiencia como piloto y de las órdenes de un piloto de la guardia costera de que volara hacia el norte, Purvis reaccionó confundido, dio varias vueltas en los dos minutos posteriores a su reporte de la niebla, y nunca se dirigió al norte.

Sin duda, Purvis sufrió desorientación espacial cuando la niebla le ocultó el horizonte, ésa fue la conclusión de la Oficina Nacional para la Seguridad de los Transportes. Pero por la descripción de lo sucedido, Gernon cree que Purvis se encontró con niebla electrónica y que la energía electromagnética contribuyó a su desorientación.

–La EM afecta a las personas de diferente manera, pudo haber provocado o contribuido a su desorientación e hizo que diera muchas vueltas, lo que lo llevó a la espiral de la muerte –dijo Gernon después de analizar el informe.

Carey Trantham, de Key West, también se confundió y se desorientó cuando la tarde que volaba hacia la estación aeronaval de Boca Chica Key se encontró con niebla y sus instrumentos dejaron de funcionar; la piloto venció al pánico, encontró la salida de la niebla y aterrizó sana y salva.

Después, recordaría que sobrevivió gracias a un milagro.

–Descubrí que tenía mucha suerte porque estuve muy cerca de la "espiral de la muerte" y de convertirme en otro avión perdido en el Triángulo de las Bermudas. No pregunto por qué sobreviví, la razón que haya sido, fue un milagro porque tenía todo en contra.

Procedimientos de emergencia

Existen muchas razones para que Bruce Gernon cuente lo que le sucedió en el Triángulo de las Bermudas, historia que comenzó hace más de tres décadas. Una de ellas es porque quiere que se sepa más sobre la condición atmosférica que él llama niebla electrónica y qué relación tiene con los campos de energía. Espera lograr que el fenómeno se convierta en un estado meteorológico reconocido, uno mucho más ligero que un huracán, pero igual de letal. Con ese objetivo, desea que sus esfuerzos inciten a una nueva investigación científica; pero por el momento, se conforma con advertir a los pilotos la existencia de la niebla electrónica y prepararlos en caso de que llegaran a encontrarse con ella.

Éstas son algunas de sus sugerencias:

- No perder la calma, no entrar en pánico, el avión seguirá volando.
- Usar todos los sistemas de radio navegación que se tengan a la mano y pedir ayuda a control de tráfico aéreo.
- Si la brújula está dando vueltas, no hay que confiar en ningún otro equipo de navegación. El sol se ubica en el punto más brillante de la niebla, usar esta referencia como guía para mantener el curso deseado. La lectura de los instrumentos de presión barométrica no se ve afectada.
- Según las circunstancias y la ubicación, decidir cuál es la acción pertinente. Continuar con los planes originales quizá no sea la mejor opción.
- Si se está volando sobre el mar, intentar dirigirse a tierra firme o a la masa de tierra más próxima. El cambio de temperatura hará que se separe la niebla.
- Si se está en tierra, intentar volar hacia el mar o hacia una masa de agua grande, de ser posible. También el cambio de temperatura hará que se separe la niebla.
- Una vez elegido el curso, no dar vueltas, porque eso provoca confusión y se añade a la desorientación.
- Descender a una altitud menor si hay tierra cerca, pero conservar la altitud mínima para poder ver los obstáculos, como torres de radio.
- Aterrizar de emergencia si el nivel del combustible así lo exige. Si se localiza tierra, aterrizar con precaución; si no hay un aeropuerto, buscar una carretera o un campo donde realizar el aterrizaje.

- En caso de que aún funcionen los instrumentos giroscópicos, usar el piloto automático para mantener la altitud y el nivel de las alas, pero no usarlo para mantener el curso.
- Cuando las reglas de vuelo visual (VFR, por sus siglas en inglés) se conviertan en condiciones meteorológicas de vuelos por instrumentos (IMC) y se cambie a reglas de vuelo por instrumentos (IFR, por sus siglas en inglés), el coordinador de vueltas (TC, por sus siglas en inglés) y el indicador de altitud (AI, por sus siglas en inglés) podrían indicar un banco, pero el indicador de curso (HI, por sus siglas en inglés) sugiere un vuelo directo porque el piloto está siguiéndolo. En realidad, quizá el HI y la brújula magnética estén girando lentamente; en ese caso, usar la imaginación para mantener el curso y no recurrir a ninguno de esos sistemas. Tal vez el único instrumento que funcione sea derrapar-deslizar.

Las personas que, igual que Gernon, viven para contarlo, jamás olvidan su experiencia con la niebla; de hecho, sus vidas cambian. Quienes no han pasado por eso quizá consideren que dichos individuos están obsesionados con la necesidad de hablar de la enigmática condición atmosférica y sus efectos a largo plazo. Incluso Charles Lindbergh, después de años de evitar el tema, escribió sobre su desconcertante incidente en la misteriosa niebla.

Algunos supervivientes, como Gernon y Caiden, aparentemente desarrollaron capacidades mentales poco comunes que quizá estén relacionadas con el tiempo que estuvieron en la niebla electrónica. En el siguiente capítulo hablaremos del factor síquico.

12
Efectos a largo plazo

Bruce Gernon sacó su avioneta Maule verde con blanco para cuatro pasajeros del hangar que está al lado de su casa, en el club aéreo, en Wellington, Florida, una ciudad a las afueras de los Everglades, en el condado Palm Beach. Arrancó el motor de la aeronave en la pista de concreto que está frente al hangar y revisó la lista que siempre verifica cada vez que se prepara para hacer un viaje. Minutos más tarde, el piloto castaño dio la vuelta a la pista y despegó, rumbo a Fort Lauderdale. Llegaría a la que fue una base aeronaval, cerca del Aeropuerto Internacional, la misma de la que salió el desafortunado vuelo diecinueve en 1945 hacia la eternidad. En esta ocasión, no asistiría a la ceremonia en memoria de esos pilotos, sino que se reuniría con una persona que viajaba de Miami, un hombre cuya vida se vio afectada por su encuentro con algo muy extraño.

Iván Lima, un atractivo hombre de casi 40 años y originario de Brasil, es ingeniero electrónico con un doctorado en la misma disciplina, sabe mucho de electromagnetismo y trabaja en el área de la biomedicina. Igual que Gernon, tuvo una experiencia con niebla en el mar que nunca ha olvidado; pasó algo que no puede explicar y quiere respuestas. Decir que está obsesionado con el tema es quedarse corto. Quiere volver a encontrarse con la niebla, aunque eso signifique arriesgar su vida, quiere saberlo todo de ella. Con ese objetivo, creó el proyecto Fenómeno del Portal, que planea instalar en un buque de investigación.

Después de presentarse con Gernon en el restaurante que da hacia una de las pistas de la antigua base, pidieron de comer y Lima inició su relato. El incidente que describió sucedió lejos del Triángulo de las Bermudas, aunque hay impresionantes similitudes entre las experiencias de Lima y de Gernon con la niebla.

El 8 de octubre de 1995, Lima era parte de un grupo de médicos profesionales que un día fue de pesca en un barco de vela en el área de San Francisco Bay. Salieron del muelle a las 8:15 a.m., el día era perfecto para zarpar, el cielo era azul y las aguas estaban en calma.

A las 9:30 a.m., anclaron el velero y prepararon el equipo de pesca. Lima y los demás se dieron cuenta que en minutos se formó una lucecita brillante en el aire, a unos 15 metros de donde estaban. Parecía un espejismo creado por la radiación solar, como los que se ven sobre el asfalto en los días calurosos. Pero la radiación solar no tiene lugar sobre el agua, ni a tan corta distancia, ni en las horas de la mañana.

Todos estaban hipnotizados con la imagen, y mientras la observaban, la niebla comenzó a materializarse y sustituyó al espejismo. Era espesa, rectangular y estaba muy abajo, su cima no se encontraba a más de 90 centímetros de la superficie. Quienes estaban a bordo del velero veían con fascinación la extraña cama de niebla, que se acercaba lentamente hacia ellos. Embelesados, notaron que la niebla comenzó a levantarse como una cortina en el borde del barco; al mismo tiempo, se expandió hacia los lados, medía 30 metros de ancho y 20 de alto.

Nadie se movía ni hablaba, parecía que estaban en trance. La niebla seguía elevándose, hasta que la altura igualó a la anchura; la cama desapareció y lo único que quedó fue un muro vertical de niebla, como si ésta se hubiera puesto de pie. Al principio, era cuadrada, pero unos minutos después se volvió ovalada y comenzó a girar en el sentido de las manecillas del reloj. No había aire, pero el soleado día se había vuelto opaco. La niebla giraba y el centro era una espiral interior, que creó un túnel.

La niebla no dejaba de acercarse, amenazando con tragarse el velero. Rápido, levantaron el ancla, echaron a andar el motor y huyeron. En cuanto se fueron del lugar, reapareció el cielo azul y volvió a brillar el sol. Todos llegaron a la conclusión de que lo que habían visto podría ser un portal a otra dimensión o a otra época. Lima preguntó qué hubiera pasado si hubieran entrado en él, pero nadie le respondió.

Cuando llegaron a la marina donde habían alquilado el velero, todos tenían náuseas y estaban confundidos, como si hubieran despertado de un trance. Les impresionó saber que eran las 3:00 p.m.; de alguna manera habían perdido cuatro horas, porque regresaron directo al muelle después de haber estado anclados 20 minutos en el lugar donde encontraron la niebla. ¿Dónde estaba el tiempo? Nadie supo la respuesta.

A Lima le intrigaba cada vez más lo que había visto; sabía que había vivido algo que no era un fenómeno climático conocido. No podía dejar de pensar en él. Leyó todo lo que encontró sobre misterios del mar y empezó a estudiar física cuántica en busca de una explicación. Sin embargo, cuando se reunió con el resto de las personas que habían estado en el velero, no quisieron hablar de la niebla, le dijeron que la olvidara. Eso nunca lo haría.

Lima terminó su historia cuando llegó la comida. Gernon le preguntó por las horas perdidas. Aunque la neblina no se tragó al velero, sí afectó a los pasajeros. Tal vez no perdieron cuatro horas, quizá viajaron en el tiempo, igual que Gernon. El portal o túnel pudo ser un agujero, un pasadizo a través del tiempo. Lima está de acuerdo con que el factor clave fue el tiempo.

Pero no le bastaba con esa información. A pesar de los años que han pasado, Iván Lima siente que debe regresar a buscar la niebla, quiere medirla, analizarla y comprenderla. Está listo para penetrarla.

Aunque Gernon comparte con él su fascinación por la enigmática niebla, es precavido. Como piloto, piensa que es mejor evitar la niebla electrónica a toda costa; sabe que tiene suerte de haber sobrevivido a su experiencia. Como le fue perdonada la vida, siente que debe ayudar a los demás a entender de qué se trata, pero reconoce el peligro inherente que hay en cualquier intento por penetrarla. Por otro lado, Lima espera otra oportunidad para encontrarse con la niebla, y en esta ocasión su intención es atravesar el portal.

Cuando salieron del restaurante, fueron al hemiciclo del vuelo diecinueve que están en la que fuera la estación aeronaval y leyeron la lista de nombres de los pilotos desaparecidos.

–De una u otra manera, encontraré la niebla –dijo Lima–. No me importa cuánto me tarde.

Gernon movió la cabeza, entendía la obsesión de Lima, pero no su deseo de penetrar la niebla.

Arcoiris y visiones

Un día de principios de junio de 2003, Gernon viajó en su camioneta Expedition blanca hacia Florida Turnpike, en dirección sur, al aeropuerto Perry, que están en Hollywood,

Florida, a 65 kilómetros de su casa. Allí se encontraría con el equipo de producción de un documental para *Discovery Channel*, y viajarían a la isla de Andros. Era el séptimo documental sobre el Triángulo de las Bermudas en el que aparecería Gernon, pero el primero que lo hacía regresar a la isla de Andros.

Estaba emocionado por el viaje y lo esperaba con ansias. Al asomarse por la ventanilla de su camioneta, vio un arcoiris; siguió manejando y poco después se encontró con otro, con otro y con otro más. Cuando llegó a la salida que lo llevaría a Hollywood, ya había visto cinco arcoiris. Para Gernon, esa fue la señal de que algo interesante iba a suceder. Y así fue. En el viaje, descrito en el capítulo 9, descubrió manchas grandes de agua blanca, de la cuales se habla por primera vez en el libro *El Triángulo de las Bermudas*, de Charles Berlitz; además, de manera sorprendente, se les permitió sobrevolar AUTEC, una base naval secreta.

Parece que a Gernon tiene cierta atracción hacia los arcoiris. Cuando tenía 20 años, tenía la costumbre de volar con su padre de West Palm Beach a Pahokee, una ciudad en el extremo este del lago Okeechobee, donde ambos estaban construyendo una subdivisión. En el viaje de 65 kilómetros, por el que pasaban por plantaciones de cañas de azúcar en las afueras de los Everglades de Florida, por lo general se encontraban con tormentas eléctricas producidas por pequeñas nubes cumulonimbos, que eran fácil de esquivar. A lo largo de esos viajes, muchas veces había visto arcoiris, y si podía acercarse lo suficiente, veía hacia abajo y se daba cuenta que a una altitud menor el arcoiris se convertía en un círculo perfecto.

El espectáculo era precioso, aunque nada fuera de lo común. Pero un día, justo una semana antes de su viaje en el tiempo en el cielo de la isla de Andros, se encontró con un arcoiris que jamás olvidaría. Fue al final del día y él y su padre venían de trabajar de Pahokee. Había lluvias de poca intensidad en el área, pero distinguió una oleada de arcoiris, cuando menos eran doce, uno tras otro, y la mayoría eran circulares. En algún momento, creyó haber visto cuatro al mismo tiempo.

Entonces, sucedió algo más extraordinario.

–Cuando nos acercamos a un arcoiris que estaba justo frente a nuestra avioneta, ésta lo atravesó. Parecía que volábamos a través de un aro gigante de hermosos colores. El arcoiris era redondo, pero el círculo era vertical, no horizontal. El calidoscopio de colores rodeaba a la avioneta en todas direcciones, al tiempo que penetrábamos los anillos.

Avanzamos 30 años. En la Universidad de Miami, Gernon y la gente de *Discovery Channel* se reunió con el Dr. Thomas Curtright, teórico de Física Cuántica, y Gernon le contó su experiencia con el arcoiris como introducción a su viaje en el tiempo. El Curtright escuchó con atención, movió la cabeza y dijo que por principio de cuentas, es imposible ver más de un arcoiris al mismo tiempo; aseguró que era igual de imposible volar a través de un arcoiris.

Gernon aceptó que quizá no había visto más de uno al mismo tiempo, no se había esforzado en memorizar la experiencia; sin embargo, estaba seguro de que él y su padre habían atravesado un arcoiris y que habían cruzado el espectro de colores, los cuales inundaron la cabina.

Curtright, que estaba sentado en un escritorio lleno de papeles, reflexionó el tema en silencio durante unos instantes, después de escuchar la seguridad con la que respondió Gernon. Levantó la vista y se encontró con los ojos de este último.

–No puedes atravesar un arcoiris y ver sus colores, a menos que sean la fuente de energía que lo crea.

Tiempo después, Gernon se rió al recordar el comentario, y luego añadió que no era la primera vez que había oído esa idea. Cuando entregó el artículo sobre su experiencia en la tormenta madre y la niebla electrónica, que escribió para la revista *FATE*, una publicación de misterios paranormales, el editor le dijo a Gernon que él era la fuente de la tormenta.

–No entendí a qué se refería, y ahora un físico me dice que si atravesé un arco iris fue porque yo lo originé.

Un escritor sugiere que las personas que viven fenómenos en el Triángulo de las Bermudas lo hacen porque son más sensibles a esas experiencias que los demás. No obstante, en el caso de Gernon, parece que en lugar de ser susceptible, sucede lo contrario. A pesar de que atrae a los eventos enigmáticos, igual que un rayo golpea al objeto más alto que encuentra en su camino, no es vulnerable a las fuerzas existentes en el Triángulo de las Bermudas, por eso está vivo.

Sus pasajeros se confundieron y se desorientaron cuando quedaron atrapados en la enorme tormenta madre, pero Gernon conservó la calma, sacó a la avioneta a través del vórtice del túnel y después cruzó la niebla electrónica sin mayores percances. Un año después, cuando sus tres pasajeros perdieron la conciencia en de la isla de Andros, cerca del área donde se había encontrado con la tormenta, Gernon siguió alerta y en control de la aeronave. Si le hubiera pasado lo mismo que a los demás, la avioneta se hubiera estrellado en el mar y todos se hubieran unido a la lista de gente desaparecida en el Triángulo de las Bermudas.

Gernon no entiende por qué no le pasó lo mismo que a las personas que se desmayaron; no sabe si es o no sensible a las fuerzas que de vez en cuando aparecen en el Caribe. Lo que sí es claro es que después de su primera experiencia, desarrolló un talento poco común, la capacidad de ver las cosas antes de que sucedan, la cual con frecuencia se asocia a los fenómenos misteriosos que suceden en o cerca del Triángulo de las Bermudas.

Gernon recuerda que tuvo su primera visión tres años después de su experiencia con la niebla. Estaba viendo el noticiario en la televisión y salió un reportaje sobre el Triángulo de las Bermudas, en él apareció un hombre alto, de mediana edad, de nombre Dr. J. Manson Valentine; el capitán James G.

Richardson, ex piloto naval, y el buzo Jacques Mayol, campeón mundial.

–Cuando el Dr. Valentine empezó a hablar, su imagen desapareció de la pantalla de la televisión y vi otra cosa. Tenía los ojos abiertos y de repente sentí mucha emoción. Fue extraordinario, porque nos vi al Dr. Valentine y a mí, con nuestras respectivas esposas, cenando en un restaurante, a orillas de un lago, y parecía que éramos amigos.

Como consecuencia de la visión, Gernon llamó a Valentine, con quien se reunió después, como se describe en el capítulo 10; luego de la visita a la casa del investigador, él y Anna, su esposa, invitaron a cenar a Gernon y a Lynn, su esposa, a un restaurante, a orillas de un lago, como el que Gernon vio en su visión.

En otras dos premoniciones, Gernon predijo que vería OVNIS. La razón por la que pudo tomar fotografías de un OVNI a través de la ventanilla de un avión comercial, en diciembre de 1974, fue porque sabía que aparecería en el viaje (ver capítulo 7). De igual manera, predijo que Lynn y él verían un OVNI en la playa, a las 8:00 p.m., al día siguiente. En lugar de uno, vieron cinco, el primero apareció a las 8:05 p.m.

Unos meses después, tuvo otra visión mientras platicaba con un viejo amigo de nombre Timothy Bogle; Gernon estaba contándole del misterio del Triángulo de las Bermudas y de sus experiencias ahí. Bogle, un capitán marinero de experiencia, no creía que su amigo hubiera visto cosas fuera de lo común porque él ha recorrido el Caribe durante años y nunca ha vivido nada extraño.

Mientras Bogle comentaba los planes que tenía de hacer una fiesta en su velero el fin de semana próximo, Gernon sintió una emoción repentina y supo que en ese viaje pasaría algo extraordinario.

–Lo interrumpí y le dije: "Este sábado, cuando estemos en tu velero, tú y todos verán una luz extraña en dirección a Bimini".

Bogle se rió y ninguno volvió a mencionar nada, hasta la noche del viaje. Una docena de personas abordó el barco en la tarde del sábado y se dirigieron al sur por el Canal Intracostal hacia la ensenada, en Boca Ratón, y después hacia el océano. Viajaron unos kilómetros hacia el borde de la corriente del Golfo en dirección norte, hacia Palm Beach, era una hermosa noche tropical de Florida.

–Ya había olvidado la premonición cuando alguien dijo que habían visto una extraña luz en el mar en dirección a Bimini. No era como los muchos OVNIS que había visto, más bien parecía un rayo de luz blanca a varios kilómetros proyectado a 900 metros sobre el mar.

El rayo de luz estaba a dieciséis kilómetros y giraba lentamente en la dirección de las manecillas del reloj. Mientras lo observaban, dio tres revoluciones completas de dos minutos cada una y desapareció la luz. Había nubes cúmulus esparcidas por el área y cuando el rayo chocó con éstas, las iluminó y lo que quedaba de él se esfumó. Gernon le preguntó a Bogle si podría tratarse del faro Great Isaac, pero éste respondió que era imposible verlo porque se encontraba a 80 kilómetros de distancia.

–Dije que lo que habíamos visto era un reflejo en la atmósfera de la luz del faro, pero mi amigo rechazó la idea. Contestó que había visto la luz del faro muchas veces y de noche, así que sabía cómo era. Comentó que era la luz más extraña que había visto en todos sus años de navegante y que no sabía qué era.

Después de esa experiencia, el amigo de Gernon cambió de opinión sobre el Triángulo de las Bermudas.

–Cuando el tema salía a relucir y él estaba cerca, disfrutaba mucho molestarlo diciendo: "¡Tim vio la luz!" Cosa que nunca negaba y a la que respondía: "Gernon me enseñó la luz!"

Reconciliación con el Triángulo

Gernon tuvo su visión más intensa sobre un suceso futuro en 1992, cuando vivía en los Cayos de Florida. Iba manejando en la autopista Overseas, que conecta al conjunto de cayos, y acaba de llegar al extremo de uno de los tres puentes que conectan a Upper Matacumbe con Lower Matacumbe, cuando lo invadió una sensación repentina de emoción.

–Sabía que iba a tener una premonición, y estaba preocupado porque ir a 80 kilómetros por hora en la autopista no es el momento ideal para tener una visión.

Estaba a unos kilómetros de su casa y se concentró en manejar; en cuanto se estacionó en la cochera, apagó el motor, empezó a relajarse, perdió la fuerza de los músculos y se dejó caer en el asiento. Giró la cabeza ligeramente hacia la izquierda y bajó la vista al suelo gris de la cochera.

–Sentía que flotaba en una nube y que debajo de mí había un abismo gris.

Tenía los ojos abiertos, aunque parecía que estaba soñando. De repente, tuvo una visión muy clara; era como si estuviera viendo una película en la televisión. Momentos después, se dio cuenta que la televisión era parte de su premonición. Veía a un hombre de edad avanzada de cabello cano y anteojos, era el conductor de un programa; a Gernon le pareció familiar, pero no lo reconoció.

De repente, Gernon se vio en la pantalla y el señor estaba presentándolo. Tal vez era una fantasía, pero el hombre le daba la oportunidad de contarle al mundo la experiencia que tuvo con la distorsión tiempo-espacio en 1970. La visión duró casi cinco minutos, y además de la entrevista, también se vio volando en lo que parecían ser los Cayos de Florida en una avioneta que no conocía. Cuando la premonición se desvaneció, se sintió eufórico, como si hubiera despertado de un sueño especial.

Casi tres años después, a finales de 1994, la empresa *Granite Film & Television Productions Company* se comunicó con Gernon; le dijeron que Arthur C. Clarke quería que saliera en su programa de televisión "Arthur C. Clarke's Mysterious Universe".

–Entonces caí en la cuenta de que había visto el programa en mi visión –recordó Gernon.

El equipo de filmación de Clarke llegó desde Londres semanas después; usaron la avioneta de Gernon, que había comprado un año antes, para hacer las tomas aéreas del documental. El programa salió en *Discovery Channel* y se llamó "Reconciliación con el Triángulo de las Bermudas".

–No me acuerdo de todos los detalles de la visión, pero lo que sí recuerdo fue justo lo que salió en el programa.

¿Cómo fue posible que Gernon viera algo que sucedería algunos años después? John Gribbin, autor de *Timewarps*, dice que hay una relación entre las premoniciones y el concepto que la ciencia tiene del tiempo y el espacio. Dice que el tiempo no avanza a paso fijo y puede distorsionarse o alterarse: "Ahora existe la evidencia de que algún tipo de proceso mental alterado puede interrumpir el flujo normal del tiempo, y el resultado de este proceso son los sueños 'premonitorios'". Dice que esas visones premonitorias pueden representar resonancias entre mentes individuales, separadas en el tiempo, pero que pueden intercambiar información detallada de hechos específicos.

A principios de 1990, Gernon tuvo otra sorprendente visión, pero sabe que no tendrá la satisfacción de verla convertida en realidad; eso porque las cosas pasan en un museo años después de su muerte. La premonición apareció en un sueño lúcido, de esos que se ven muy reales y en los que parece que la persona que sueña está despierta y soñando al mismo tiempo. En este caso, vio gente en el futuro que observaba una descripción holográfica de su vuelo a través de la tormenta madre, de la niebla electrónica y de la distorsión tiempo-espacio.

–La holografía era muy detallada, algo mucho más avanzado de lo que la tecnología actual ofrece –Gernon cree que eso sucederá en algún momento después de la mitad del siglo XXI, cuando la niebla y sus misteriosos atributos se hayan convertido en una realidad aceptada y las imágenes holográficas tengan vida.

Pero la premonición, como verá el lector, no son la única capacidad síquica que desarrolló un superviviente de la niebla electrónica.

La mente y los molinos de viento

Un día, en el verano de 2000, Bruce Gernon leyó un artículo en el periódico *Palm Beach Post* que hablaba de un escritor que había coescrito una novela con el actor Billy Dee Williams. Cuando se enteró que Rob MacGregor, igual que él, vivía en el poblado de Wellington, Florida, sintió ganas de llamarle; pero al mismo tiempo, presintió que al escritor no le interesaría su historia. A pesar de eso, se puso en contacto con él.

Cuando se conocieron, Gernon habló largo y tendido sobre su experiencia en el Triángulo de las Bermudas. MacGregor no rechazaba el tema, pero no estaba seguro de poder hacer algo con la historia porque tenía otros compromisos; pero siguieron en comunicación y se encontraron con muchas coincidencias extrañas que les indicaban que estaban destinados a trabajar juntos. No sólo vivían a unos cuantos kilómetros de distancia, sino que hacía años MacGregor había entrevistado a Charles Berlitz, autor de dos libros muy exitosos sobre el Triángulo de las Bermudas, para el artículo que se publicaría en una revista, y Berlitz le regaló una copia autografiada de su libro *El Triángulo de las Bermudas*.

Tiempo después, Gernon supo que MacGregor también conoció al difunto piloto-escritor Martin Caiden, cuya descripción de un vuelo a través de lo que parecía era niebla electrónica ayudó a Gernon a comprender cuál era el elemento clave de su naturaleza: que la niebla se adhiere a los objetos. MacGregor le contó una historia extraña sobre Caiden que sugería que, igual que Gernon, el piloto había desarrollado algunas capacidades poco comunes después de su experiencia en la niebla.

MacGregor y Caiden se conocieron, como corresponde, en una librería; eran dos de los muchos escritores que participaban en una firma de autógrafos en apoyo a una librería de Gainesville, Florida, que la policía amenazaba con clausurar por vender tiras cómicas eróticas.

Durante el tiempo que duró el acto, Caiden habló sin cesar aferrado a sus ideas; el piloto calvo de 60 años con bigote y enormes anteojos, acaparó la mayor parte de la conversación. En lugar de estar dando autógrafos, parecía que Caiden estaba recibiendo a la corte de Inglaterra. Casi al final del acontecimiento, le contó a los demás escritores sobre los experimentos con energía telequinética que estaba llevando a cabo y los invitó, más bien los retó, a ir a su casa a verlos con su propios ojos. MacGregor y su esposa, la novelista T. J. MacGregor, fueron los únicos que aceptaron la oferta.

Aunque Caiden se comportó un poco grosero en la firma de autógrafos, él y Dee Dee, su esposa, resultaron agradables anfitriones. Caiden habló de sus experiencias como piloto e hizo énfasis en los muchos incidentes que le habían ocurrido. Aunque MacGregor no recuerda todos los detalles de la conversación, dice que el piloto-escritor mencionó el viaje a través de lo que parecía una niebla infinita y que no funcionaba ninguno de los instrumentos.

Pero el tema principal de la noche fue el experimento. Caiden estaba convencido de que tenía poderes telequinéticos, es decir, la capacidad de mover objetos con la mente. Para crear la atmósfera para sus experimentos, había convertido un vestidor grande en un laboratorio con ventanal. Como el laboratorio se veía a través de éste, MacGregor distinguió una mesa en la que descansaban cuando menos dos docenas de molinos de viento de aluminio, de peso ligero y de entre 15 y 20 centímetros de alto. Caiden les explicó que la habitación era hermética y que el conducto del aire acondicionado estaba sellado para que no circularan corrientes de aire.

Caiden se acercó al ventanal y se concentró. Segundos después, dos o tres molino empezaron a moverse poco a poco; los demás hicieron lo mismo y tomaron velocidad. De manera sorprendente, algunas de las aspas giraban en el sentido de las manecillas del reloj, otras en el sentido contrario y unas cuantas no se movieron.

Caiden les contó que un profesor de Física de la Universidad de Florida había visto los experimentos y estudiado el laboratorio con detenimiento, para ver si encontraba alguna corriente de aire. El profesor quedó impresionado, pero no por la capacidad de Caiden, sino porque éste había creado un laboratorio sin ser científico.

Caiden dijo que sus capacidades no era psíquicas ni paranormales, no le gustaban esas palabras: "El hecho es que algunas personas, entre ellas yo, pueden concentrarse en sus poderes mentales y mover objetos. Mente sobre materia".

¿La capacidad de Caiden está directamente relacionada con su experiencia en la niebla electrónica? Puede ser. Su situación cambia la perspectiva de la historia de la pequeña Mina, la niña alemana que supuestamente mueve objetos con la mente. Según el relato (ver capítulo 6), nació en alta mar, en el Triángulo de las Bermudas, durante un periodo de 45 minutos cuando todos los pasajeros del barco se sintieron confundidos y desorientados. Si se toma en cuenta que la historia de Gernon, publicada por el mismo tabloide, fue correcta, no habría por qué dudar de la veracidad del caso de Mina. Nadie entrevistó a Gernon y quizá tomaron el relato de otra publicación, lo que bien pudo suceder con el de la niña alemana.

No obstante, es necesario analizar con más detalle los efectos a largo plazo de los supervivientes de la niebla, como Gernon y Caiden. Eso sucederá conforme aparezcan las historias, y quizá los poderes mentales poco comunes, de otras personas que se enfrentaron a la niebla, y cuando los científicos antepongan la curiosidad al temor al ridículo.

13

Medición de la niebla

Al reflexionar sobre su viaje a través de un túnel en una nube de tormenta, Bruce Gernon jamás imaginó que su decisión desencadenaría sucesos que cambiarían su visión del mundo.

–Atravesé la nube porque vi que el cielo azul estaba del otro lado; pero cuando salí del túnel todo era gris. ¿Por qué no era azul?

Antes de aterrizar, experimentó una sensación de gravedad cero durante diez segundos, un banco de niebla en apariencia muy grande que no apareció en el radar, la falla de todo el equipo electrónico, y la distorsión del tiempo. Le tomaría 30 años descubrir que no había ningún banco de niebla que se extendiera por kilómetros, sino que ésta envolvió su avioneta y se adhirió a ella.

Hoy, Gernon está convencido de que un misterioso fenómeno meteorológico, niebla electrónica, es el causante de algunos de los extraños incidentes que reportan pilotos, incluidos él, Charles Lindbergh y el escritor aeronauta Martin Caiden, así como marinos dentro y fuera del Triángulo de las Bermudas.

Con la intención de medir dicho fenómeno, Gernon ha creado una escala de cinco grados para describir las diferentes etapas de la niebla electrónica, la cual se adhiere a los aviones y los barcos que pasan cerca de ella. Él ha experimentado dos de esos niveles en sus múltiples viajes al Caribe en el sur de Florida.

La base de la opinión de Gernon es que la relación que existe entre aeronaves y embarcaciones y la niebla electrónica, es muy parecida a la que hay entre un imán y un pedazo de metal.

Cuando los pilotos o los marinos se encuentran con niebla electrónica, creen que vuelan o navegan por una vasta área de neblina cuando en realidad se trata de una niebla localizada. Ésta reacciona a las naves de la misma forma que un rayo se estrella con el objeto más alto que encuentra en su camino.

La niebla electrónica literalmente se adhiere a la aeronave o la embarcación como si hubiera pedido un aventón. A pesar de la falsa impresión de que se viajan muchos kilómetros a través de la niebla, lo que sucede en realidad es que ésta acompaña a la nave; al hacerlo, provoca que el equipo electrónico deje de funcionar y a veces manda a los pilotos a la muerte. En algunos casos, manda a la nave, a su tripulación y a sus pasajeros a un viaje en el futuro inmediato.

La siguiente descripción de la escala está dirigida hacia las aeronaves.

La escala Gernon de la niebla electrónica

1. Aparece una niebla o neblina con visibilidad de entre tres y cinco kilómetros. El equipo de navegación magnético y electrónico no se ve afectado, pero la niebla se adhiere al avión.

2. Crea la falsa impresión de que nace de la superficie y se expande a una distancia infinita por debajo de la aeronave, y arriba de ésta el cielo es azul. Puede aparecer un túnel o una abertura debajo del avión a través de los cuales se ve la tierra. La visibilidad es casi nula en el interior de la niebla, a excepción de la abertura. El equipo de navegación magnético y electrónico no se ve afectado.
3. Envuelve a la nave por completo, excepto por dos aberturas, una arriba y otra abajo del avión. La visibilidad es casi nula en el interior de la niebla e ilimitada en la abertura. Durante cierto tiempo, el equipo de navegación magnético y electrónico se ve afectado, al igual que los radios.
4. Rodea al avión, la visibilidad es muy limitada y en algunas partes hay sombras grises. La visibilidad es de entre 1.5 y 3 kilómetros. El Sol y la Luna no se ven, pero pueden determinarse según la intensidad de su brillo. Pueden identificarse puntos de referencia, aunque no se verán con claridad. Los sistemas electrónicos y de navegación no funcionarán, pero los radios sí, cuando menos los primeros minutos. Podrían existir distorsiones tiempo-espacio.
5. Parece que envuelve la aeronave y la visibilidad es totalmente nula. Los equipos magnéticos y de navegación no funcionarán, incluyendo los radios. La distorsión tiempo-espacio sucede justo después de entrar en la niebla y provoca la desintegración del avión y de sus pasajeros.

Gernon cree que la niebla electrónica es producto de una fuerte tormenta electromagnética, se materializa de repente y después desaparece. Los pilotos que entran a la niebla electromagnética categoría uno, podrían encontrarse sólo con una neblina, nada que parezca fuera de lo normal. Cuando entran a una de categoría dos o tres, quizá tampoco vean la tormenta madre; ese fue el caso de Gernon en su segundo encuentro con la niebla electrónica en 1996, en el vuelo que salió de los Cayos de Florida que se describió en el capítulo 6.

Los pilotos que quedan atrapados en una niebla de categoría dos o tres sólo ven la niebla porque la tormenta madre es enorme y de vida corta. Ésta, según Gernon da fe por su experiencia de 1970, se materializa a la velocidad increíble de 480 kilómetros por hora, se expande hasta alcanzar un diámetro de 50 kilómetros y se eleva de la superficie del mar a una altitud de 18 000 metros en 20 minutos; de manera sorpresiva, se disipa media hora después de su nacimiento. Por su corta vida, Gernon dice que ningún otro piloto que ha visto la tormenta desde su nacimiento, pasa directamente por su centro y sale por lo que denomina el vórtice del túnel del tiempo.

En ese momento, Gernon estaba envuelto por una niebla electrónica categoría cuatro, según su escala. Si alguna otra persona ha mejorado esta hazaña, no ha sobrevivido para cantarla.

Poco después del dramático incidente, Gernon consultó a un meteorólogo del Servicio de Vuelos de Miami y le contó sobre la niebla poco común que no detectó el radar; le pidió una explicación, pero ninguna le satisfizo.

–La historia le pareció fascinante, pero no le encontró explicación alguna –Gernon recordó. Pero nadie más ha podido hacerlo.

Los meteorólogos reconocen la existencia de anomalías magnéticas en el Caribe y en otras partes del mundo; también admiten que la electricidad estática producida por las tormentas electromagnéticas descompone los instrumentos electrónicos de los aviones. Sin embargo, hoy en día, no aceptan la existencia de la niebla electrónica, y mucho menos la escala de Gernon.

Pero Gernon señala que la ciencia encontró una explicación para el fenómeno de la electricidad hasta finales del siglo XVIII, aunque desde la antigüedad ésta ya había presentado manifestaciones. De igual forma, en 1802 los científicos negaban terminantemente la existencia de los meteoros, porque discrepaban con el paradigma científico del tiempo. No caían rocas del cielo, eso era simple superstición; no obstante, existen muchas evidencias, que se remontan siglos atrás, de que las rocas *sí* caían del cielo. Con el tiempo, se obtuvieron pruebas científicas y se aceptó la existencia de los meteoros.

Hoy en día, los científicos dicen que la niebla no se "pega" a los aviones y que éstos no atraviesan ningún túnel del tiempo porque no existen. Aunque Gernon está convencido de que con los años la niebla electrónica dejará de ser una experiencia extraña para convertirse en un hecho científico, así como ahora reconocemos la electricidad y los meteoros. También cree que las distorsiones del tiempo que están relacionadas con la niebla electrónica y los campos de electromagnetismo pueden convertirse en algo útil, de la misma forma en que hemos aprovechado la energía.

¿Y la categoría cinco de la escala? ¿Existe? ¿Pueden un piloto y su avión desaparecer literalmente y aparecer en otro plano? ¿Eso le pasó al vuelo diecinueve?

Gernon es cauteloso y serio cuando responde esa pregunta. Está seguro que el vuelo diecinueve entró a la niebla electrónica antes de desaparecer; su equipo electrónico dejó de funcionar, los pilotos se desorientaron y se perdieron.

Esa situación le recuerda su viaje en la misma área del Caribe. Cuando el controlador de radar le dijo que se identificara con su transpondedor, aquél no pudo localizarlo. El vuelo diecinueve tenía sólo un equipo buscador eléctrico, a diferencia de Gernon que tenía tres y ninguno funcionaba.

–Durante el tiempo que estuve en la niebla electrónica, el radar no me detectó y fue imposible obtener una dirección hacia Miami o Fort Lauderdale. Me parece que la situación y el tiempo es el mismo que experimentó el vuelo diecinueve, y casi en la misma zona, nada más que 25 años antes.

¿Adónde fue el vuelo diecinueve?

La niebla de categoría cinco no sólo es hipotética, sino casi imposible de probar; no existen supervivientes ni información escrita. Cuando el avión entra a la niebla electrónica de categoría cinco, el piloto literalmente cae en el mítico Triángulo de las Bermudas, un lugar que tal vez exista más en la mente que en el mundo real.

Gernon especula que si hubiera volado en la dirección opuesta en el túnel en 1970, su avioneta se hubiera desintegrado o hubiera viajado en el tiempo al pasado y no al futuro inmediato, y quizá no hubiera sobrevivido. Lo mismo podría aplicar en el caso del vuelo diecinueve.

Pero Gernon no está seguro. Acepta que el vuelo diecinueve pudo haberse estrellado en un área lejana del Atlántico cuando los aviones se quedaron sin combustible. En lugar de estar perdido en el pasado, el vuelo diecinueve podría estar descansando en las profundidades del mar, quizá a unos cinco kilómetros de la superficie. De hecho, predice que, igual que el Titanic, los cinco Avenger serán encontrados con la ayuda de los avances tecnológicos en los escáneres submarinos que hoy existen.

Si la niebla electrónica se convirtiera en una realidad científica, ¿sería posible "atrapar" o crear dicha energía como se ha hecho con la electricidad? ¿El gobierno ya está trabajando en dichos proyectos en bases secretas, como AUTEC quizá? Gernon reconoce que el tema es controversial, que los viajes en el tiempo hoy sólo existen en el reino de la ciencia ficción, pero está convencido de que eso va a cambiar.

Si está en lo cierto, la imagen que tenemos del mundo se verá afectada en gran medida. Los viajes al futuro cambiarían nuestras tomas de decisiones; transformarían al mundo, así como la electricidad ahora ilumina la noche y casi todo depende de ella.

Hagamos un breve recorrido por ese mundo. Lector, imagine este escenario: El gobierno de los Estados Unidos está considerando la posibilidad de atacar una peligrosa nación extranjera cuyo loco presidente amenaza con lanzar un arma nuclear. El Congreso estadounidense tiene acceso a posibles sucesos futuros. Programan la decisión de atacar y analizan los probables resultados de dicha acción; lo hacen a uno, cinco o diez años. Si se documentó que la guerra no sirve para nada, podría evitarse. Sin embargo si se demostrara que quedarse cruzados de brazos provocaría la destrucción del mundo occidental, el Congreso autorizaría el ataque.

Igual que la energía atómica, el poder de conocer el futuro podría utilizarse para cosas buenas y malas, eso dependería de la persona que tome las decisiones. Quizá la razón por que los científicos no reconocen la niebla electrónica y su relación con los viajes en el tiempo, es porque todavía no estamos preparados para ello. Tal vez siga siendo ciencia ficción hasta que la raza humana evolucione lo suficiente para controlar los impresionantes poderes que se obtendrían como resultado de la capacidad de abrir la puerta al futuro a voluntad.

El portal podría ser el paso a algo inexplicable. Si pudiéramos ir al futuro a nuestro antojo, mandar gente en un cohete espacial o en un jet supersónico, entonces la humanidad podría estar al borde de liberarse de las restricciones del tiempo y del espacio. En un mundo así, reconoceríamos que el presente, el pasado y el futuros son simultáneos.

Nos convertiríamos en los dioses del pasado. De hecho, podría suceder que fuéramos, o más bien seremos, los dioses que habitaron en el Monte Olimpo y en todos aquellos sitios que fueron parte del pasado mitológico.

Apéndice 1:
Barcos desaparecidos

Algunas de las desapariciones de barcos datan del siglo XVII; dos de las embarcaciones desvanecidas medían más de 150 metros de largo. Quizá algunos de estos navíos se perdieron a causa del mal tiempo, sin embargo, muchos se esfumaron en días tranquilos; pero la mayoría no tuvo tiempo de enviar un mensaje de auxilio. En esta cronología no se incluyen barcos extraviados a causa de la guerra.

1609: El *Sea Venture* y su bote salvavidas se perdieron en la costa de las Bermudas.

1750: Los tres galeones que acompañaban al navío *Nuestra Señora de Guadalupe* desaparecieron en la costa de Carolina del Norte.

1780: La embarcación militar *Saratoga* se esfumó misteriosamente, ningún buque de guerra británico lo hundió. Ese mismo año, el *General Gates* se perdió y una vez más ningún barco de guerra británico aceptó haberlo hundido.

1799: El U.S.S. *Insurgent*, buque de guerra francés, se evaporó con 340 tripulantes a bordo.

1800: El *U.S.S. Pickering* se desvaneció en un viaje a las Antillas.

1812: El *Patriot*, un paquebote en el que viajaba la hija de Aarón Burr, desapareció en la corriente del Golfo.

1814: El buque de guerra estadounidense *Wasp* se perdió en la costa de Carolina del Sur.

1815: El *Epervier*, que llevaba las propuestas de paz para la guerra de 1812 en un viaje de Argel a Norfolk, jamás llegó a su destino, por eso se retrasó el final de la guerra.

1824: El *Wildcat*, con 31 tripulantes; la goleta *Lynx*, con 40 marineros, y la goleta *Hornet* se esfumaron en o cerca del área conocida como Triángulo de las Bermudas.

1840: El buque mercante *Rosalie* se desvaneció en el Mar de los Sargazos. Algunos reportes decían que fue abandonado.

1843: El buque de guerra *Grampas* zarpó del sur de Carolina y no volvieron a verlo.

1854: Jamás volvió a saberse del barco *City of Glasgow* ni de sus 400 pasajeros cuando tomó la ruta sur al salir de Nueva York con rumbo a Liverpool.

1872: El *Mary Celeste* se encontró a la deriva sin su tripulación.

1880: El bergantín de entrenamiento británico *HMS Atalanta* salió de Bermuda con 290 cadetes jóvenes y no se le volvió a ver.

1909: Joshua Slocum zarpó en *The Spray*, una balandra, de Miami y desapareció. Slocum, circunnavegante del mundo, era considerado uno de los mejores marineros de su época.

1917: El carguero *Timandra* salió de Norfolk rumbo a Buenos Aires y se perdió entre el 6 y el 27 de marzo con 21 tripulantes y un cargamento de carbón.

1918: El *USS Cyclops* de 160 metros de largo, fue el barco más grande de la Armada que se esfumó después del 6 de marzo con 306 tripulantes a bordo, luego de zarpar de Barbados camino a Virginia.

1921: El *Carroll Deering*, una goleta de cinco mástiles, salió de Barbados rumbo a Virginia, pero se encontró a la deriva sin su tripulación.

1925: El barco de vapor *Cotopaxi* se desvaneció el 1 de diciembre con 32 tripulante a bordo en su ruta de Charleston, C.S., a la Habana.

1926: El barco de pasajeros *Porta Noca* salió de Cuba y no se volvió a ver.

1926: En marzo, el carguero *Suduffco* zarpó de Nueva York rumbo a Los Ángeles con una carga de 4 000 toneladas y 29 tripulantes, pero nunca llegó a Panamá.

1931: *Stavenger* barco carguero perdido con 43 tripulantes.

1932: Desapareció el velero de dos mástiles *John and Mary*.

1938: El carguero *Anglo-Australian* y sus 30 tripulantes se esfumaron. La última vez que se le vio fue en los Azores.

1940: La goleta *Gloria Colite* se encontró el 4 de febrero, sin la tripulación. El barco sigue en buenas condiciones para navegar.

1944: El carguero cubano *Rubicón* se encontró sin la tripulación.

1945: La goleta *City Belle* se encontró abandonada el 5 de diciembre en las Bahamas, sin sus diez pasajeros ni la tripulación.

1948: El *Evelyn K.* se encontró abandonado el 6 de marzo en los Cayos de Florida, desaparecieron tres personas.

1950: El barco de cabotaje *Sandra* de 55 metros de largo y con una carga de DDT, desapareció el 5 de abril en la ruta de Savannah, Georgia, a Venezuela.

1955: El yate *Connemara IV* se encontró el 26 de septiembre, sin tripulación, a 240 kilómetros al sureste de Bermuda.

1956: La goleta *Bounty* desapareció en julio entre Bimini y Miami.

1958: El yate *Renovoc*, con cuatro tripulantes, se perdió el 1 de enero después de zarpar de Key West.

1960: El yate *Ethel C.* se extravió el 16 de abril en las costas de Virginia.

1961: El yate *Callista III* se esfumó el 5 de abril camino a las Bahamas.

1962: Desapareció la goleta *Evangeline*.

1962: El *Windfall*, una goleta de 20 metros, se desvaneció en noviembre camino a Bahamas con cinco tripulantes.

1963: El *Marine Sulphur Queen*, un carguero estadounidense de 150 metros, desapareció el 4 de febrero en el estrecho de Florida con 39 tripulantes.

1963: El barco pesquero *Sno Boy*, se perdió el 12 de julio entre Kingston y Northeast Cay.

1964: El queche *Dancing Feathers*, de diez metros de largo, se desvaneció camino a las Bahamas.

1965: Se supo por última vez del *Enchantress*, de 17 metros de largo, el 13 de enero, estaba aproximadamente a 240 kilómetros al sureste de Charleston, C.S.

1965: La casa flotante *El Gato* se perdió el 28 de octubre cerca de Great Inagua, Bahamas.

1967: El *Speed Artist* se esfumó el 10 de diciembre con cinco tripulantes cerca de Winward Island.

1967: El yate de motor *Witchcraft* desapareció el 22 de diciembre en las costas de Miami.

1968: Se perdió el submarino nuclear *Scorpion*.

1969: El yate *Vagabond* se encontró abandonado el 12 de julio en el límite del mar de los Sargazos.

1969: El yate de motor *Southern Cross* se encontró abandonado el 2 de noviembre en las costas de Cape May.

1970: El carguero *Milton Latrides* desapareció con su tripulación.

1971: El carguero *El Caribe*, de 100 metros de largo, se perdió el 10 de octubre en el Caribe.

1973: El carguero alemán *Anita*, de 160 metros de largo, se extravió el 21 de marzo en aguas turbulentas con 32 tripulantes.

1973: El yate *Defiance*, de 26 metros de largo, se encontró abandonado el 23 de marzo cerca de Cap du Mole, St. Nicholas, Haití.

1974: El yate de lujo *Saba Bank*, de 16 metros de largo, se esfumó en marzo en un viaje por las Bahamas.

1974: El yate *Dutch Treta* desapareció el 24 de julio en el camino de Miami a Cat Cay, Bahamas.

1975: El buque camaronero *Dawn* de 22 metros de largo, se desvaneció el 22 de abril cerca de Smith Shoals, Key West.

1975: El yate *Meridian*, que zarpó de Norfolk hacia Bermuda, se perdió el 24 de junio.

1975: El buque remolcador *Boundless* se extravió el 2 de diciembre en las Bahamas.

1976: El velero de motor *High Flight* desapareció en abril entre Bimini y Miami.

1976: El carguero de minerales *Sylvia L. Ossa*, de 180 metros de largo, se perdió en octubre a 225 kilómetros al oeste de Bermuda con 37 tripulantes.

Una balandra de doce metros con 17 personas a bordo, desapareció el 16 de diciembre entre St. Kitts y República Dominicana.

1977: La goleta *L'Avenir* se extravió el 20 de noviembre en el camino de Maryland a Bermuda.

1979: El remolque *King Cobra*, de 20 metros, se esfumó el 2 de enero cerca de Cape Henlopen, Delaware.

1980: El *Sea Quest* envió un mensaje misterioso el 12 de enero en el que decía que su equipo de navegación no funcionaba. Después de eso, nada se volvió saber de la embarcación ni de sus once tripulantes.

1980: El yate de lujo *Polymer III*, de trece metros de largo, se perdió en abril en un viaje por las Bahamas.

1980: El velero *Kalia III*, de once metros, se encontró abandonado el 26 de julio en Exumas, Bahamas.

1980: El *S.S. Poet*, de 156 metros de largo, se extravió el 26 de octubre después de zarpar de Cape Henlopen rumbo a Puerto Said, en Egipto.

1982: El yate estadounidense *Penetration* se encontró abandonado el 26 de julio al norte del mar de los Sargazos.

1982: Un yate británico se encontró abandonado en el Atlántico.

1982: El *Sea Lure*, de trece metros, desapareció el 26 de febrero, era parte de un grupo de buques pesqueros que se dirigía a Dry Tortugas.

1983: El barco de pesca deportiva *Real Fine*, de diez metros de largo, se extravió el 5 ó 6 de noviembre cuando iba de Freeport, Bahamas, a Fort Lauderdale.

1984: Un barco de motor de cinco metros con cuatro personas a bordo se perdió el 22 de noviembre, cerca de Looe Key Reef, en los Cayos de Florida.

1985: Una embarcación de 7.5 metros con dos pasajeros a bordo desapareció el 22 de febrero en el camino de Freeport a West Palm Beach.

1985: Seis personas se perdieron el 3 de mayo en una lancha con motor en las costas de Surf City, Carolina del Norte.

1992: El buque pesquero *Mae Doris* se extravió el 27 de octubre con cuatro tripulantes en Cape May.

1995: El 20 de marzo fue la última vez que se le vio al barco de motor *Jamanic K.*, iba de Cape Haitien a Miami.

1995: El velero *Fou de Bassan III* se encontró abandonado el 19 de diciembre.

1996: El yate de 19.5 metros *Intrepid*, desapareció el 14 de octubre a aproximadamente 50 kilómetros de Fort Pierce, Florida, con dieciséis pasajeros. Se recibió una corta llamada de auxilio.

1997: El *Robalo*, de siete metros, se perdió en diciembre en las costas de Virginia Beach, Virginia.

1997: *Ruth*, el queche alemán de quince metros, se encontró a la deriva sin su tripulación.

1998: El buque pesquero comercial *Grumpy*, se encontró abandonado el 2 de junio.

1998: El buque de pesca deportiva *Miss Charlotte*, de 10.5 metros, fue azotado por algo muy fuerte, quizá se picó y se inundó, porque la cubierta se quedó sin nada. El barco se hundió, pero los pasajeros sobrevivieron.

1998: El *Carolina* se perdió en noviembre en las costas de Cape May.

1998: El *Interlude*, de 22 metros, desapareció en un viaje a las islas Caimán.

1999: El *Miss Fernandina*, un buque camaronero de 25.5 metros de largo, se extravió el 15 de abril en las costas de Flagler Beach, Florida. El capitán pidió ayuda por radio, dijo que una red se había enredado en el árbol de hélice.

1999: Un crucero de 5.5 metros se encontró abandonado el 5 de agosto, sólo había un perro a bordo. El capitán había iniciado un viaje de dos horas a la costa de Carolina del Norte.

1999: Un crucero de 6.5 metros desapareció el 15 de noviembre en las Bahamas.

2000: Un buque carguero que se dirigía a Haití se perdió, pero la carga se encontró flotando en las playas de Florida.

Apéndice 2:
Aviones desaparecidos

Muchos aviones desaparecieron en el Caribe en los años 70, cuando el Triángulo de las Bermudas empezaba a ser famoso, mucho más que en décadas anteriores. Con las primeras cinco aeronaves que desaparecieron durante el mismo vuelo de entrenamiento, dio inicio el misterio del Triángulo de las Bermudas. El *Star Tiger* y el *Star Arial* eran naves hermanas y se perdieron en el Triángulo de las Bermudas con un año de diferencia. Un DC3, propiedad de la aerolínea comercial Argosy Airlines, se extravió en 1978 y fue en un artículo de la revista del mismo nombre donde apareció el término Triángulo de las Bermudas.

1945: Cinco bombarderos Avenger de la Armada de Estados Unidos, el vuelo diecinueve, desaparecieron el 5 de diciembre con catorce tripulantes; a esta desgracia se unió la pérdida de un avión Martin Mariner de rescate con trece tripulantes.

1947: Un Douglas Superfort C-54 del ejército se extravió el 3 de julio a 160 kilómetros de Bermuda con siete tripulantes.

1948: Un avión Douglas DC-3, con 31 pasajeros y la tripulación a bordo, se perdió el 28 de diciembre en el mar cuando estaba a punto de llegar a Miami.

1948: El *Star Tiger*, un avión comercial británico Tudor IV de cuatro motores, desapareció el 30 de enero con 31 tripulantes en vuelo de las Azores a Bermuda.

1949: El *Star Ariel*, otro Tudor IV y nave hermana del Star Tiger, se perdió el 17 de enero rumbo a Kingstone con 19 pasajeros a bordo.

1952: Un avión de transporte se extravió con 33 tripulantes.

1954: El Lockheed Super Constellation de la Armada de Estados Unidos se esfumó el 30 de octubre con 42 personas a bordo.

1956: El hidroavión Martin Marlin PSM de la Armada de Estados Unidos, una patrulla anfibia, desapareció el 9 de noviembre con diez tripulantes a 565 kilómetros al norte de Bermuda.

1961: La *Pogo 22*, una avioneta SAC B-52 de ocho motores, se esfumó el 15 de octubre al norte de Bermuda cuando regresaba de realizar acciones de rutina.

1962: Un avión privado despareció en las costas de Nassau.

1962: Un avión cisterna KB-50 de la Fuerza Aérea de Estados Unidos, se perdió el 8 de enero con ocho tripulantes cuando iba de Carolina del Norte hacia las Azores.

1962: Un Tender de la Fuerza Aérea de Estados Unidos desapareció camino a las Azores.

Un Cargomaster C-133 con diez tripulantes se extravió el 27 de mayo cuando salió de Dover, Inglaterra, con rumbo a las Azores.

1963: Dos Stratotankers gigantes de la Fuerza Aérea de los Estados Unidos se desintegraron el 28 de agosto al realizar un ejercicio y volaban de Bermudas a Miami con diez tripulantes.

1963: Otro Cargomaster C-133 se perdió el 22 de septiembre cuando iba de Dover a las Azores.

1964: Una avioneta Piper Apache se extravió el 8 de febrero con cuatro personas a bordo entre la isla Gran Bahama y West Palm Beach, Florida.

1964: Una avioneta Cessna 140 con dos personas a bordo se esfumó el 5 de diciembre en las costas de New Smyrna Beach, Florida.

1965: Un furgón aéreo C-119 desapareció el 5 de junio con diez tripulantes cuando viajaba de Miami a Grand Turks.

1965 Una avioneta c18 con tres personas a bordo se perdió el 15 de septiembre cerca de St. Thomas.

1965: Una avioneta Cessna 182 se extravió con dos personas a bordo el 31 de octubre en algún punto entre Marathon Key y Key West, Florida.

1965: Una avioneta Ercoupe F01 desapareció con dos personas a bordo entre Fort Lauderdale y West End, Gran Bahama, el 6 de diciembre.

1965: Una avioneta Piper Cherokee que viaja de South Caicos a San Juan, se extravió el 29 de diciembre con tres personas a bordo.

1966: Un avión de carga B-25 se esfumó el 5 de abril cuando iba de Fort Lauderdale a Aruba.

1967: Un YC-122 del ejército, convertido en avión de carga, desapareció el 11 de enero entre Fort Lauderdale y Bimini.

1967: Una avioneta Bonanza se perdió en enero cerca de Key Largo con catorce personas a bordo.

1967: Una avioneta Piper Cherokee desapareció el 17 de enero mientras cubría la ruta San Juan-St. Thomas.

1967: Cerca de Mayagüez, Puerto Rico, una avioneta Cherokee se extravió el 2 de julio con cuatro pasajeros.

1967: Una avioneta Piper Cherokee se extravió el 6 de agosto con tres pasajeros entre Miami y Bimini.

1967: Una avioneta Cherokee que viajaba de Great Inagua a San Juan se perdió el 3 de octubre.

1967: Una avioneta Cessna 182 desapareció el 8 de noviembre con cuatro pasjeros mientras cubría la ruta de Great Exuma a Nassau.

1967: Una avioneta Cherokee se esfumó cerca de Cat Island, Bahamas, el 22 de noviembre con cuatro personas a bordo.

1968: Una avioneta Cessna 172 con dos pasajeros se extravió el 29 de mayo cerca de Grand Turk.

1968: Una Cessna 180 que viajaba de Gran Bahama a West Palm Beach desapareció el 8 de julio con dos pasajeros.

1969: Una avioneta Piper Comanche que viajaba de Pompano Beach a Carolina del Norte, se perdió el 5 de enero en el Caribe con dos personas a bordo.

1969: Una avioneta 95-c55 que iba de Georgia a Miami desapareció el 15 de febrero.

1969: Un avión de carga Douglas DC-4 se esfumó al salir de las Azores con tres tripulantes el 8 de marzo.

1969: Una avioneta desapareció el 22 de marzo con dos pasajeros entre Jamaica y Nassau.

1969: Una Cessna 172 desapareció el 6 de junio con dos personas a bordo entre Grand Turk y Caicos Island.

1969: Una avioneta ejecutiva B-95 se extravió el 29 de junio cuando volaba de Great Inagua rumbo a San Juan.

1969: Una Piper PA-22 que iba de West Palm Beach a Albion, Nueva Jersey, se esfumó el 3 de agosto con dos personas a bordo.

1969: El 11 de octubre una Pilattus-Brittan-Norman Isloander con dos personas a bordo, se perdió en su viaje de Great Inagua a Puerto Rico.

1970: Una Piper Comanche con dos pasajeros se extravió entre Nassau y Opa Loca, Florida, el 17 de enero.

1970: Una Cessna 310G con seis personas a bordo se perdió el 3 de julio entre Caracas, Venezuela, y San Juan.

1970: El 23 de noviembre una Piper Comanche desapareció entre West Palm Beach y Kingston, Jamaica, con tres pasajeros.

1971: Una Cessna 177b y su piloto se esfumaron el 20 de marzo en un viaje de Miami a la isla de Andros.

1971: Un avión Horizon rentado se extravió el 20 de marzo con cuatro pasajeros cerca de Barbados.

1971: Un jet Phantom II F-4E, se perdió el 10 de septiembre con dos pilotos durante un vuelo de rutina a 130 kilómetros al sur de Miami.

1971: Una Cessna 150j y su piloto se perdieron después de despegar de Pompano Beach con destino desconocido.

1972: Un Super Constellation con cuatro tripulantes se extravió el 10 de octubre entre Miami y Santo Domingo.

1973: Una Cessna 172 y su piloto desparecieron el 28 de marzo después de salir de West Palm Beach.

1973: Una Navion A16 se perdió el 25 de mayo entre Freeport y West Palm Beach con dos pasajeros.

1973: Una avioneta Bonanza se esfumó entre Fort Lauderdale y Marsh Harbour, Bahamas, el 10 de agosto con cuatro personas a bordo.

1973: Después de despegar de Viaquez, Puerto Rico, una Cessna 150 se extravió con tres pasajeros.

1973: Una Lake Amphibian se perdió el 20 de diciembre entre Nassau y Bimini con tres pasajeros.

1974: Una Cessna 414 y su piloto se esfumaron el 10 de febrero después de salir de Treasure Cay, Bahamas.

1974: Una Pilattus-Brittan-Norman Islander con dos personas a bordo se extravió el 10 de febrero cerca de St. Thomas.

1974: Una Piper PA-32 desapareció entre West Palm Beach y Walker Cay, Bahamas, el 13 de julio.

1974: Una avioneta Bonanza Beech K35 se perdió luego de que salió de Pompano Beach rumbo a Filadelfia, el 11 de agosto con dos pasajeros.

1975: Una Piper PA-30 y su piloto se extraviaron el 25 de febrero en un viaje de Greensboro, Carolina del Norte, a Gran Bahama.

1975: La Cessna Skymaster y su piloto, que salieron de Fort Lauderdale, se perdieron en el mar el 2 de mayo.

1975: Una Cessna 172 y su piloto desparecieron el 28 de julio cerca de Fort Lauderdale.

1975: Una Cessna 172 y su piloto se extraviaron el 9 de diciembre entre St. Croix y St. Kitts.

1976: Una Beech D50 con dos pasajeros se esfumó cuando iba de Pahokee, Florida, a República Dominicana el 4 de junio.

1976: Una Beech E-50 que viajaba de Opa Locka, Florida, a Grand Turk, desapareció el 24 de octubre.

1976: Una Piper PA-23 que iba de Anguilla a Beef Island se perdió el 28 de diciembre con seis pasajeros.

1978: Un bombardero KA-6 de la Armada con dos pasajeros, desapareció del radar el 22 de febrero a 160 kilómetros de las costa de Norfolk que viajaba en ruta con el *U.S.S. John F. Kennedy*.

1978: Una Aero Commander 680 que viajaba de Imokalee, Florida, a Freeport, Gran Bahama, se extravió el 25 de marzo con dos pasajeros.

1978: Una Ted Smith 601 y su piloto, que salieron de Pompano Beach hacia Panama City, Florida, desaparecieron el 27 de abril.

1978: Una Cessna 172 y su piloto se perdieron el 20 de abril después de salir de Dillon, Carolina del Sur.

1978: Una Piper PA-28 que iba de Fort Pierce a Nassau, se esfumó el 19 de mayo con cuatro pasajeros.

1978: Una Beech 65 que viajaba de Puerto Príncipe a las Bahamas, se perdió el 26 de mayo con dos pasajeros.

1978: Una Piper PA-31, que cubría la ruta de Santa Marta, Colombia, a Puerto Príncipe, se esfumó el 18 de julio con dos pasajeros.

1978: Un avión Douglas DC-3 que viajaba de Fort Lauderdale a La Habana desapareció el 21 de septiembre con cuatro personas a bordo.

1978: Un avión Douglas DC-3, el 902 de la aerolínea Argosy Airlines, se extravió en las costas de Miami.

1978: Una Piper PA-31 y su piloto, que volaban de St. Croix a St. Thomas, desaparecieron el 3 de noviembre casi al llegar a la isla.

1978: Una Piper PA-23, que iba de De Funiak Springs a Gainsville, Florida, se extravió el 20 de noviembre con cuatro pasajeros.

1978: El vuelo 912 de la aerolínea Eastern Caribbean Airlines desapareció cerca del aeropuerto de St. Thomas. No se encontraron los restos.

1979: Una Cessna 150 se perdió cerca de St. Thomas y no se encontraron los restos.

1979: Una Beech A23A que iba de Opa Locka, Florida, a St. Thomas, se extravió el 11 de enero con dos pasajeros.

1979: Una Beech E18s y su piloto, que viajaban de Fort Lauderdale a Cat Island, Bahamas, se perdió el 2 de abril.

1979: Una Piper PA-28R con cuatro pasajeros se extravió el 24 de abril en un viaje de Fort Lauderdale a Nassau.

1979: Una Cessna 150J que iba de St. Croix a St. Thomas desapareció el 30 de junio con dos pasajeros.

1979: Una Cessna 182 se esfumó el 9 de septiembre en un viaje de Nueva Orleans a Pensacola con tres personas a bordo.

1979: Una Aero Commander 5000 y su piloto desaparecieron en un viaje de la isla de Andros a West Palm Beach, el 4 de octubre.

1979: Una Piper PA-23 y su piloto se extraviaron el 27 de octubre en un viaje de Montego Bay, Jamaica, a Nassau.

1979: Una Beech D50 y su piloto se perdieron el 19 de noviembre cuando iban de Delray Beach, Florida, a Key West.

1979: Una Piper PA-23 se desvaneció el 21 de diciembre en un viaje de Aguadilla a South Caicos con cuatro pasajeros.

1980: El 11 de febrero un piloto despegó en una Beech 58 de St. Thomas y jamás se le volvió a ver. La avioneta se reportó como robada.

1980: Un jet Lear desapareció con dos psajeros el 19 de mayo luego de despegar de West Palm Beach con rumbo a Nueva Orleans.

1980: Una Erco 415 con dos pasajeros se esfumó el 28 de junio en un viaje de Santo Domingo, República Dominicana, a San Juan, Puerto Rico. Antes de desaparecer, el piloto informó que había visto un OVNI.

1981: Una avioneta Beech c35 que iba de Bimini a Nassau se extravió el 6 de enero con cuatro pasajeros.

1982: Una Piper PA-28R-201T se extravió el 5 de julio con cuatro pasajeros en un viaje de Nashville a Vence, Florida.

1982: Una Beech H35 que iba de Marsh Harbour a Fort Pierce, Florida, se perdió el 28 de septiembre con dos pasajeros.

1982: Una Piper PA-31 con ocho pasajeros se esfumó el 20 de octubre en un viaje de Anguilla a St. Thomas.

1982: Una Beech 65-B80 que viajaba de Fort Lauderdale a Eleuthera Island, Bahamas, desapareció el 5 de noviembre con tres personas a bordo.

1983: Una Cessna T-210-J que cubría la ruta de la isla Andros a Fort Lauderdale, Florida, se perdió el 4 de octubre con tres pasajeros.

1983: Una Cessna 340A y su piloto se extraviaron el 20 de noviembre cerca de Orangeville, Florida.

1984: Una Piper con cuatro pasajeros desapareció el 12 de marzo entre Key West y Clearwater.

1984: Una Cessna 402b se perdió el 31 de marzo entre Fort Lauderdale y Bimini con seis personas a bordo.

1984: Una Aeronca 7AC y su piloto se perdieron el 23 de diciembre entre Cross City, Florida, y Alabama.

1985: Una Cessna 337 con cuatro pasajeros se extravió en el Atlántico, al noreste de Jacksonville, el 14 de enero.

1985: Una Cessna 210K y su piloto desaparecieron el 8 de mayo en un viaje de Miami a Puerto Príncipe.

1985: Una Piper se esfumó el 12 de julio con cuatro pasajeros cuando iba de Nassau a Opa Loca, Florida.

1985: Una Cessna 172 y su piloto desaparecieron el 3 de agosto cerca de Fort Myers, Florida.

1985: Una Piper se perdió el 8 de septiembre al noreste de Key West después de salir de Fort Lauderdale con dos pasajeros.

1985: Una Piper y su piloto se extraviaron el 31 de octubre entre Saratosa, Florida, y Columbus, Georgia.

1986: Una Piper que iba de Miami a West End o Freeport, Gran Bahama, se esfumó el 26 de marzo con seis pasajeros.

1986: Un avión charter Twin Otter se perdió el 3 de agosto cerca de St. Vincent con trece pasajeros.

1987: Una Cessna 402C y su piloto se extraviaron entre Palm Beach y Marsh Harbour, Great Abbaco, el 27 de mayo.

1987: Una Cessna 401 que se dirigía de Freeport a Crooked Island desapareció el 3 de junio con cuatro pasajeros.

1987: Una Cessna 152 y su piloto se esfumaron el 2 de diciembre en un viaje de la Romana, Puerto Rico, a San Juan.

1988: Una avioneta Beech desapareció el 7 de febrero en algún lugar del Caribe con cuatro personas a bordo.

1989: Una Piper y su piloto se perdieron poco después de despegar de Jacksonville el 6 de febrero.

1990: Una Cessna 152 con dos pasajeros se esfumó el 24 de enero en un vuelo de entrenamiento cerca de West Palm Beach.

1990: Una Piper y su piloto desaparecieron el 5 de junio en un viaje de Maarten a St. Croix.

1990: Una Piper se perdió el 10 de agosto entre Sebastián, Florida, y Freeport con cuatro pasajeros. Poco después se encontró el cuerpo de uno de los ocupantes en las costas de Virginia.

1990: Una Cherokee 150 se extravió cerca de St. Croix, no se encontró rastro de la avioneta ni de los pasajeros.

1991: Una Piper Comanche y su piloto se perdieron el 24 de abril en las costas de Florida.

1991: El piloto de una Piper informó que su giroscopio no funcionaba; la avioneta, con dos pasajeros, desapareció del radar cerca de Long Boat Key.

1991: Un jet Grumman Cougar con dos pasajeros desapareció del radar el 31 de octubre cuando estaba sobre el Golfo de México a una altitud de 7 590 metros.

1993: Una Cessna 152 y su piloto se extraviaron el 30 de septiembre en las costas de Miami.

1994: Una Piper PA-32 con dos pasajeros se perdió el 28 de agosto en un viaje de Treasure Cay, Bahamas, a Fort Pierce.

1994: Una Piper PA-23 con cinco pasajeros desapareció el 19 de septiembre en el Caribe luego de salir del aeropuerto Canefield, en la República Dominicana.

1994: Una Piper PA-28 y su piloto se extraviaron el 25 de diciembre en un viaje que salió de Boca Ratón, Florida.

1996: Un avión charter Aero Commander se perdió en el Caribe el 2 de mayo con tres pasajeros.

1998: Una Piper PA-28 con cuatro pasajeros desapareció el 19 de agosto.

1999: El 12 de mayo, una Aero Commander 500B y su piloto se hundieron en el mar, con buen tiempo, cerca de Nassau después de comunicarse por radio con la torre para que le dieran las instrucciones de aterrizaje.

2000: Una Cessna 172 se estrelló en el mar cuando el piloto no encontró el aeropuerto.

2001: Una Piper Archer y su piloto se estrellaron en los Cayos de Florida cuando se encontraron con una niebla localizada que una avioneta de la guardia costera no vio.

2002: Una Piper Lance II desapareció el 20 de julio en las costas de Gran Bahama con seis pasajeros.

2002: Una Piper PA-36-300 y su piloto se extraviaron el 6 de septiembre en un viaje de Fort Lauderdale a St. Croix.

Apéndice 3:

¿Dónde está la Atlántida?

Estas son algunas de las zonas geográficas en las que quizá se ha ubicado la Atlántida a través de los siglos:

- 370 a.C. – Según Platón, el filósofo y sabio griego, en los pilares más allá de Hércules, es decir, Gibraltar, en el área oeste del Mediterráneo.
- 1500 – Según Francisco López de Gomara, sabio español, en el continente americano.
- 1570 – Según John Dee, astrólogo, matemático y científico, en Norteamérica.
- 1670 – Según Athanasius Kircher, sacerdote jesuita australiano, en la mitad del Atlántico.
- 1794 – Según Paul Félix Cabrera, doctor guatemalteco, en Haití.
- 1882 – Según Ignatius Donnelly, congresista estadounidense, en la mitad del Atlántico.
- 1909 – Según K. T. Forst, sabio de Belfast, en Creta.

- 1922 – Según Adolf Schulten, científico alemán, en Tartessos, España.
- 1925 – Según Lewis Spence, especialista en mitología escocés, las Bahamas son las últimas porciones de tierra de la Atlántida.
- 1933 – Según Edgar Cayce, psíquico estadounidense, Bimini y las Bahamas son "Poseidia", parte de la Atlántida que llega hasta las costas africanas.
- 1969 – Según A. G. Galanopoulos y E. Bacon, historiadores originarios del área del Egeo, en Creta.
- 1991 – Según Emilio Spedicato, profesor en la Universidad de Bergamo, en Haití.
- 1995 – Según Rose y Rand Flemath, escritores canadienses, en la Antártica.
- 1997 – Según Viatscheslav Koudriavtsev, científico ruso, en las costas de Bretaña.
- 2000 – Según Andrew Collins, escritor de historia británico, en Cuba.
- 2001 – Según Jacques Collina-Girard, geólogo y experto en prehistoria francés, en el Atlántico, al oeste de Gibraltar.

Éstas son las ubicaciones más famosas que hoy se conocen de la Atlántida:

1. La Antártica – el continente congelado alguna vez estuvo sobre el nivel del mar.
2. A la mitad del Atlántico – hay mucho espacio.
3. Bahamas – según la predicción de Edgar Cayce.
4. Creta – hay evidencias arqueológicas y geológicas.

5. Cuba – según descubrimientos recientes
6. En ningún lado – la Atlántida es una leyenda.

Índice

Lista de fotografías